Les 22 lois du marketing

DES MÊMES AUTEURS

Al Ries et Jack Trout

• *Le Positionnement : la conquête de l'esprit,* Mc Graw-Hill, Paris, 1986. *Positioning : the battle for your mind,* New York, McGraw-Hill, 1981

• *Le Marketing guerrier,* McGraw-Hill, Paris, 1988. *Marketing Warfare,* New York, McGraw-Hill, 1986

• *Bottom-up Marketing,* New York, McGraw-Hill, 1988

• *Horse Sense, the key to success is finding a horse to ride,* McGraw-Hill, 1990

Al Ries (seul)

• *Focus : the future of company depends on it,* Harper Business, 1997

(avec Laura Ries)

• *Les 20 lois du capital marque,* Paris, Dunod, 2000. *The 22 immutable laws of branding,* Harper Collins, 1998

• *Les 11 lois de la e-marque,* Paris, Dunod, 2001. *The 11 immutable laws of Internet branding,* Harper Collins, 2000

• *The Fall of advertising and the rise of PR,* Harper Collins, 2002

Jack Trout (avec Steve Rivkin)

• *Les Nouvelles Lois du positionnement : au cœur de la stratégie marketing avec l'inventeur du concept,* Paris, Village Mondial, 1996. *The New Positioning,* New York, McGraw-Hill, 1996

• *The Power of Simplicity,* New York, McGraw-Hill, 1998

• *Differentiate or Die,* New York, John Wiley & Sons, 2001

Jack Trout (seul)

• *Big Brands, Big Trouble : lessons learned the hard way,* New York, John Wiley & Sons, 2001

• *A Genie's Wisdom : a fable of how a CEO learned to be a marketing genius,* New York, John Wiley & Sons, 2002

Les 22 lois du marketing

Si vous les transgressez,
c'est à vos risques et périls

Al RIES
Jack TROUT

Traduit de l'américain par Stéphane Carn

DUNOD

L'édition originale de cet ouvrage a été publiée aux États-Unis
par HarperBusiness, A *Division of* HarperCollins*Publishers*, New York.

Sous le titre *The 22 Immutable Laws of Marketing.*

Nouvelle présentation 2003
ISBN 2 10 007969 7

Pour en finir avec les mythes
du marketing

Sommaire

Introduction

Des milliards de dollars ont été engloutis dans des programmes de marketing qui n'avaient pas la moindre chance de réussir — et ce, indépendamment de la valeur ou de l'ingéniosité de leurs concepteurs, et de la taille du budget qui leur était alloué.

La plupart des responsables d'entreprise restent persuadés qu'une stratégie de marketing correctement conçue, exécutée et financée atteint *de facto* son objectif. Il n'en est rien. Inutile de chercher bien loin ; les exemples abondent : IBM, General Motors, Sears Roebuck, pour ne citer qu'eux.

Les moyens techniques mis en œuvre par Sears étaient on ne peut plus appropriés, et les responsables du marketing de General Motors comptaient certainement parmi les plus brillants de leur profession — les entreprises les plus puissantes, telles qu'IBM ou General Motors ont les moyens d'attirer les hommes de talent. Mais ces programmes présentaient une faille : ils reposaient sur des hypothèses erronées.

Lorsqu'on lui demanda de définir la perception qu'avaient les Américains des géants industriels de leur pays, John Kenneth Galbraith répondit qu'ils redoutaient leur toute-puissance. Aujourd'hui, c'est plutôt leur incompétence qui devrait les faire frémir.

Toutes les entreprises sont en difficulté, et surtout les colosses, tels que General Motors. Durant ces dernières décennies, le géant de l'automobile a laissé se désintégrer l'identité de ses marques, erreur qui lui coûte fort cher. Il fut une époque où les voitures de toutes les marques fabriquées par General Motors étaient vendues au même prix et se ressemblaient comme des sœurs. Les actions GM dégringolèrent de dix points, et les ventes annuelles de 10 milliards de dollars.

La cause de cette débâcle ? Ce n'était pas la concurrence, bien que la compétition fût effectivement devenue plus serrée. Et pas davantage la qualité, même si General Motors ne pouvait se prévaloir de l'excellence dans ce domaine. Non : le vrai problème, c'était le marketing.

Aujourd'hui, dès qu'une firme commet le moindre faux-pas, la concurrence se jette sur sa part de marché et l'emporte. Pour retrouver la prospérité, il faut ensuite attendre que l'adversaire commette à son tour une erreur, et trouver moyen d'en tirer parti.

Mais comment éviter les erreurs ? Il suffit de vous assurer que votre programme n'enfreint aucun des principes fondamentaux du marketing.

Nous avons défini nos idées et nos concepts sous l'étiquette « marketing », mais ils s'appliquent quelle que soit votre fonction dans l'entreprise, et quel que soit le produit ou le service concerné.

D'où nous viennent ces lois immuables ? En avons-nous reçu la révélation au sommet du mont Sinaï, avec pour mission de les graver dans le marbre et de les transmettre au reste du monde ? Comment deux modestes habitants du Connecticut ont-ils pu découvrir ces vérités qui ont échappé à tant d'autres ? Car ce ne sont pas les théoriciens et les praticiens de talent qui manquent... Pourquoi n'ont-ils pas vu ce qui nous semble si évident ?

La réponse est simple : à notre connaissance, personne n'est prêt à admettre qu'il existe des lois du marketing, et surtout pas des lois immuables !

La nature obéit pourtant à certains principes. Pourquoi n'en irait-il pas de même pour le marketing ? Vous aurez beau construire le plus bel avion, si vous ne tenez pas compte des lois de la physique, n'espérez pas le faire voler. On ne badine pas avec la gravité ! Si vous bâtissez un chef-d'œuvre d'architecture sur une dune, il ne résistera pas au premier ouragan. C'est la même chose en marketing. Si vous transgressez l'une de ses lois, même avec la plus belle « campagne de pub » du monde, vous courez à l'échec.

Il est peut-être dans notre nature de refuser d'admettre nos limites. La plupart des spécialistes du marketing croient dur comme fer que rien n'est impossible à qui dispose de l'énergie, de la créativité, de la détermination et du budget nécessaires.

Mais dès lors que nous acceptons d'envisager l'hypothèse que le marketing pourrait bien obéir à certaines lois, tout s'éclaire. En fait, ces lois sont des évidences.

Pendant plus de vingt-cinq ans, nous avons observé les approches qui sont couronnées de succès et celles qui échouent. Nous avons découvert que les programmes efficaces tiennent toujours compte des quelques forces fondamentales qui régissent le marché.

Dans nos livres, nos articles, nos conférences, nos cassettes vidéo, nous analysons en détail les principes du marketing. Nous utilisons pour les décrire différents modèles stratégiques, dont un modèle physique de l'esprit humain, que nous avons présenté sous le terme de « positionnement ». Nous avons mis au point un modèle du marché inspiré de la stratégie militaire, qui permet de classer les différentes entreprises selon leur type de comportement dans la mêlée : défensif, offensif, axé sur l'attaque de flanc, ou la guérilla.

Après avoir passé toutes ces années à étudier les principes et les problèmes du marketing, nous avons synthétisé nos conclusions sous forme de lois fondamentales qui régissent la réussite et l'échec d'une marque sur le marché.

C'est ce que nous avons baptisé les lois immuables du marketing. Et nous en avons dénombré 22. Libre à vous de les enfreindre — à vos risques et périls !

1

La loi du premier occupant

Plutôt le premier que le meilleur.

Bien des gens s'imaginent que le principal objectif du marketing est de convaincre les clients de la supériorité d'un produit ou d'un service.

Erreur ! Si vous détenez une faible part de marché, si vous en êtes réduits à lutter contre des concurrents plus puissants et financièrement plus solides que vous, c'est que votre stratégie était initialement fautive. Vous avez transgressé la première loi du marketing.

Votre principal objectif est de créer une catégorie dans laquelle vous serez le premier. En vertu de la loi du premier occupant, ce qui compte, c'est d'être le premier, et non le meilleur. Il est bien plus facile de vous imposer d'emblée dans les esprits si vous êtes sans rival dans votre catégorie, que d'essayer ensuite de convaincre vos clients de la supériorité de votre produit par rapport à celui du premier occupant.

En guise de démonstration, posez-vous ces deux questions :

1 — Quel est le premier aviateur à avoir traversé l'Atlantique en solitaire ? « Charles Lindberg », répondez-vous.

2 — Et le deuxième à avoir traversé l'Atlantique en solitaire ? Là, c'est peut-être moins facile...

Ce numéro deux fut Bert Hinkler. Il était meilleur pilote que Lindberg. Il traversa plus vite, en consommant moins de carburant. Mais qui se souvient de lui ? (Il paraît qu'il est parti s'acheter des allumettes, un beau matin. Depuis, même Mme Hinkler est sans nouvelles de lui...)

Or, en dépit de l'évidente supériorité de la stratégie Lindberg, la plupart des entreprises persistent à opter pour celle de Hinkler. Elles attendent l'apparition d'un marché, puis elles sautent sur le créneau, avec un « meilleur » produit, qu'elles commercialisent souvent sous leur marque habituelle. Dans la jungle impitoyable qu'est le marché actuel, un produit qui se contente d'en imiter un autre (un *me-too*, dit-on parfois), lancé sous un nom de produit dérivé, a peu de chances de devenir une grande marque très rentable (voir chapitre 12, la loi de l'extension).

Dans chaque catégorie, la marque leader est presque invariablement la première à s'être imposée dans l'esprit des consommateurs. Hertz pour la location de voitures, IBM pour les ordinateurs, Coca pour les boissons au cola.

À la fin de la Deuxième Guerre mondiale, Heineken fut la première bière d'importation à se faire un nom aux États-Unis. Deux décennies plus tard, quel est le leader des bières importées ? Celle qui a le meilleur goût, ou Heineken ? Sur les 425 marques de bière d'importation vendues aux États-Unis, il en existe forcément une dont la saveur est supérieure à celle de Heineken, mais quelle importance ? Aujourd'hui, Heineken reste le leader des bières importées aux États-Unis et détient 30 % de ce marché.

Miller Lite fut la première bière allégée fabriquée sur le sol national. Quelle est aujourd'hui la bière « light » la plus vendue aux États-Unis ? La meilleure, ou celle qui s'est imposée la première ?

N'en concluez pas qu'il suffit d'être le premier pour faire un tabac. Le « timing » a son importance. Même le premier peut arriver trop tard. *USA Today* a beau être le premier quotidien d'information d'envergure nationale aux États-Unis, ses chances de succès sont minces. Depuis son lancement, il a englouti 800 millions de dollars sans réaliser d'exercice bénéficiaire. C'est probablement qu'il est trop tard. En cette ère de toute puissance de la télévision, un quotidien national n'a peut-être plus sa place.

Certains premiers s'appuient sur de mauvaises idées, qui ne feront jamais recette. Frosty Paws, la première crème glacée pour chiens, aura du mal à s'imposer. Les chiens en raffolent, pas de problème. Mais ce sont les maîtres qui remplissent le caddie et, de leur point de vue, les chiens n'ont pas besoin de leur propre marque de glace. Ils peuvent continuer à lécher les assiettes du dessert !

La loi du premier occupant s'applique à tous les produits, indépendamment de leur marque ou de leur catégorie. Si vous ne savez pas quelle a été la première université fondée aux États-Unis, vous ne risquez rien en substituant à l'adjectif « premier » le terme « leader ». Alors, quelle est l'université la plus renommée, la plus florissante, la plus influente ? Vous répondriez sans doute Harvard... Banco ! C'est aussi la plus ancienne.

Et la deuxième en date, vous connaissez ? C'est l'université de William et Mary, qui est à peu près aussi célèbre que Bert Hinkler.

Il en va des produits comme des jumeaux. Tous les jumeaux du monde vous diront que le premier des deux à rencontrer une personne reste toujours le préféré de celle-ci. Leurs amis s'attachent généralement davantage au premier jumeau qu'ils ont rencontré, même s'ils ont ensuite l'occasion de faire la connaissance du second.

Nous tendons à persister dans nos choix. Même si vous rencontrez quelqu'un qui vous plaît un peu plus que votre conjoint, vous hésitez à faire l'échange. Pensez : les honoraires de l'avocat, les problèmes qui se poseront pour les enfants, la maison...

La loi du premier occupant s'applique aussi aux magazines. C'est pour cela que *Time* reste devant *Newsweek*, *People* devant *Us* et *Playboy* devant *Penthouse*.

Au début des années cinquante, la Curtis Publishing Company, alors très influente, voulut à son tour lancer un magazine télé pour concurrencer *TV Guide*, qui n'en était qu'à ses premiers numéros. Malgré toute la puissance financière du groupe Curtis, son magazine ne put jamais rattraper l'avance pourtant infime que s'était assurée *TV Guide*. Le bastion était pris.

La loi s'applique aussi bien aux marchandises non périssables, comme les voitures ou les ordinateurs, qu'aux denrées telles que la bière, et qu'aux produits de l'esprit, comme les universités ou les journaux.

Jeep était le premier tenant du fief « véhicule tout terrain à quatre roues motrices ». Acura fut la première des voitures de luxe japonaises. IBM fut le premier à commercialiser des gros systèmes. Sun Microsystems fut le premier à fabriquer des stations de travail. Aujourd'hui, ils sont tous quatre leaders de leur catégorie.

Chrysler lança le premier minibus. Aujourd'hui, Chrysler détient 10 % du marché de l'automobile et 50 % de celui des minibus. Le point crucial du marketing automobile est-il donc de construire de meilleurs véhicules, ou d'être le premier à investir le créneau ?

La première imprimante laser de bureau fut lancée par un producteur d'ordinateurs, Hewlett-Packard. Aujourd'hui, la firme détient 5 % du marché des micro-ordinateurs, et 45 % de celui des imprimantes laser.

Gillette lança le premier rasoir de sûreté. Tide, la première poudre à laver. Hayes, le premier modem. Tous sont leaders.

Et cela en partie parce que la première marque tend à s'imposer comme terme générique.

Xerox a mis sur le marché la première photocopieuse à papier ordinaire. Son nom s'est étendu à toutes les photocopieuses. Même devant une machine Kodak, Ricoh ou Sharp, les Américains se demandent sur quel bouton appuyer pour avoir une « copie Xerox ». On propose un kleenex, quel que soit le nom indiqué sur la boîte, et un Coca, même si l'on n'a que du Pepsi au frigo.

Vous connaissez beaucoup de gens qui se servent de « ruban adhésif transparent », et non de Scotch ?

Quand une marque devient un terme générique, son avenir est assuré : Band-Aid, Fiberglass, Formica, Gore-Tex, Velcro, pour n'en citer que quelques-unes. Certaines personnes n'hésitent pas à créer des néologismes et à malmener la syntaxe pour intégrer des noms de marques à leur vocabulaire : « J'ai tippexé toutes les coquilles de ce texte ! » entend-on dans certains bureaux. Si vous voulez lancer la première marque dans une nouvelle catégorie, dénichezvous un nom qui puisse servir de terme générique. (Tous les juristes vous le déconseilleront formellement, mais qu'est-ce qu'ils y connaissent, en marketing ?)

On observe d'une part que la première marque reste en général le leader de sa catégorie, et d'autre part que le classement des autres concurrents en termes de marché coïncide très souvent avec l'ordre chronologique de leur arrivée.

Le meilleur exemple est celui de l'ibuprofen. D'abord arriva l'Advil, puis le Nuprin, puis le Medipren. Le classement actuel de ces trois produits suit leur ordre d'arrivée — Advil avec 51 % du marché de l'ibuprofen aux États-Unis, Nuprin avec 10 % et Medipren avec 1 %.

La quatrième marque lancée sur le marché fut Motrin Ibuprofen. Malgré son nom, qui évoque le terme pharmaceutique adéquat, Motrin ne détient que 15 % de ce marché. N'oublions pas que le Motrin fut présenté et lancé comme un « produit ayant les mêmes indications que l'Advil ». Notez la permutation. C'est bien « Advil » qui est devenu le terme générique. Le mot « ibuprofen » est très peu usité. Aux États-Unis, même pour un médecin, il est naturel de dire à un patient : « Prenez deux Advil et rappelez-moi demain matin. »

Même chose pour le Tylénol, le premier occupant du créneau « acétaminophène ». Cette marque est si loin devant ses concurrentes qu'on a peine à déterminer laquelle est numéro deux.

Si le secret du succès est de s'insinuer le premier dans l'esprit des clients, quelle est la stratégie favorite des entreprises ? La recherche du meilleur produit, le « benchmarking » — le banc d'essai comparatif... C'est devenu la tarte à la crème du management. Les chefs d'entreprise y voient la plus efficace des stratégies dans la compétition. Il s'agit de comparer vos produits ou vos services à ceux des meilleurs de votre catégorie. Le benchmarking est un élément essentiel dans la recherche de la qualité totale.

Hélas, ces bancs d'essai comparatifs sont des coups d'épée dans l'eau. Quelles que soient les performances réelles des produits, le consommateur perçoit comme supérieur le premier occupant d'un créneau. La bataille du marketing se livre au niveau des perceptions, et non des produits.

Donc, quelle est la première marque d'aspirine, d'acétaminophène, et d'ibuprofen à être arrivée sur le marché ? Remplacez « première » par « la plus vendue » et vous aurez la réponse.

Charles Schwab se présente comme « le plus grand courtier d'escompte des États-Unis ». Seriez-vous surpris si nous précisions qu'il fut aussi le Lindberg de sa profession ?

Le premier à marcher sur la lune fut Neil Armstrong. Et le second ?

Le premier à courir le mile en quatre minutes fut Roger Bannister. Et le second ?

Georges Washington fut le premier président des États-Unis. Et le second ?

Thomas fut la première marque de *muffins*, ces petits pains dont raffolent les Anglais. Et la seconde ?

Gatorade fut la première boisson spécialement conçue pour les sportifs. Et la seconde ?

Si vous arrivez en deuxième position dans l'esprit de votre client, êtes-vous condamné à moisir aux côtés de Buzz Aldrin, de John Landy, de John Adam, d'un muffin anglais inconnu et d'une boisson énergétique indéterminée ? Pas forcément. Car heureusement pour vous, il existe d'autres lois.

2

La loi de la catégorie

Si vous n'êtes pas le premier de votre catégorie, créez-en une nouvelle où vous serez le premier.

Qui fut le troisième pilote à traverser l'Atlantique en solitaire ?

Vous qui n'aviez jamais entendu parler de Bert Hinkler, vous vous dites que vous avez peu de chances de trouver le nom du troisième. Mais vous le connaissez pourtant. C'est Amelia Earhart.

À votre avis, Amelia est-elle célèbre pour avoir été le troisième pilote ou la première femme à réaliser cet exploit ?

Devant le succès d'Heineken, l'équipe d'Anheuser-Busch aurait pu se dire : « Lançons une bière d'importation, nous aussi ! » Mais ils s'en gardèrent bien. « S'il y a un marché pour une bière de luxe importée, il devrait y en avoir un pour une bière de luxe américaine », pensèrent-ils. Et ils commercialisèrent la Michelob, première bière de luxe américaine, dont le volume de vente est à présent le double de celui d'Heineken. En fait, ils essayèrent aussi de lancer une bière d'importation, chez Anheuser-Busch — la Carlsberg, marque très réputée en Europe. Mais aux États-Unis, le challenger Carlsberg n'eut aucun succès.

La Miller Lite fut la première bière américaine allégée. Il fallut attendre cinq ans pour qu'un importateur se dise : « S'il y a un marché pour une bière allégée américaine, il doit y en avoir un pour une bière allégée d'importation. » Et l'on vit apparaître l'Amstel Light, qui devint le leader des bières allégées d'importation.

Vous n'êtes pas le premier occupant de votre catégorie ? Tout espoir n'est pas perdu... Trouvez-vous une nouvelle catégorie où vous serez le premier ! Ce n'est pas aussi difficile qu'il y paraît.

Le succès d'IBM dans le secteur informatique

fit des émules. Tout un chacun se précipita sur le créneau. Burroughs, Control Data, General Electric, Honeywell, NCR, RCA, Sperry. On les avait surnommés « Blanche-Neige et les sept nains » !

Or, quel nain a réussi à devenir une multinationale qui regroupe 126 000 employés, réalise annuellement un volume de vente de 14 milliards de dollars et se voit souvent couronner « deuxième firme informatique du monde » ? Aucun des sept. La firme informatique la plus prospère, après IBM, dans les années soixante-dix à quatre-vingt, fut Digital Equipment Corporation. IBM était le leader des ordinateurs. DEC dominait le créneau des mini-ordinateurs.

Bien d'autres entreprises du secteur (et leurs propriétaires fondateurs) devinrent riches et célèbres en appliquant cet axiome enfantin : si vous ne pouvez pas être le premier de votre catégorie, créez-en une nouvelle, où vous serez le premier.

Tandem fut le premier pour les systèmes à tolérance de pannes, et bâtit une entreprise de 1,9 milliard de dollars. Stratus entra alors en lice, avec le premier mini-ordinateur à tolérance de pannes. Aujourd'hui, Stratus pèse 500 millions de dollars.

Les lois du marché sont-elles d'une complexité diabolique ? Pas du tout. Elles sont simples comme bonjour. Mais pour les mettre en pratique, évidemment, c'est une autre histoire.

Cray Research lança le premier supercomputer. Aujourd'hui, Cray vaut 800 millions de dollars. Convex, qui avait retenu la leçon, mit au point le premier « mini-supercomputer » — cette firme représente actuellement 200 millions de dollars.

On peut donc faire un leader d'un second en lui créant une nouvelle catégorie. Commodore n'était qu'un fabricant de micro-ordinateurs parmi tant d'autres, qui végétait dans sa catégorie, jusqu'au jour où il fit de l'Amiga le premier ordinateur multimédia. Aujourd'hui, l'Amiga remporte un immense succès et réalise annuellement plus de 500 millions de dollars de chiffre d'affaires.

Il existe bien des façons d'être le premier. Dell fit son trou dans le camp déjà surpeuplé des micro-ordinateurs en vendant ses machines par téléphone. Aujourd'hui, Dell vaut 900 millions de dollars.

Lorsque vous lancez un nouveau produit, la première question à vous poser n'est pas « en quoi est-il meilleur que celui des concurrents ? » mais « en quoi est-il le premier ? ». Autrement dit, quelle nouvelle catégorie inaugure-t-il ?

Charles Schwab n'était pas meilleur courtier que ses concurrents, mais il a lancé la première firme de courtage à commissions réduites.

Lear's n'était pas le premier magazine féminin, mais c'était le premier consacré aux femmes d'âge mûr (à celles qui ne sont pas nées d'hier...).

Ce principe s'oppose aux conceptions classiques du marketing qui sont orientées vers la marque : « Comment faire de ma marque la préférée des consommateurs ? »

Oubliez la marque. Pensez en termes de catégorie. Les clients se bouchent les oreilles dès qu'on leur parle de marques. Ils sont assiégés de marques qui tiennent à leur démontrer qu'elles sont les meilleures. Mais quand il est question de catégories, ils écoutent. Tout le monde s'intéresse à ce qui est nouveau. Pratiquement personne ne veut vraiment savoir ce qui est meilleur.

Quand vous arrivez le premier dans une catégorie, il ne vous reste plus qu'à la promouvoir. Par définition, vous y êtes sans concurrence. DEC expliqua à ses clients pourquoi ils devaient s'acheter un mini-ordinateur — et non un DEC.

À leurs débuts, Hertz et Coca vendaient de la location de voitures et des boissons sans alcool — et leurs campagnes publicitaires avaient alors bien plus d'impact qu'aujourd'hui.

3

La loi de l'esprit

Ce qui compte, c'est d'être le premier dans l'esprit des clients.

Le premier micro-ordinateur du monde fut le MITS Altair 8800.

Selon la loi du premier occupant, cette marque devrait être actuellement le leader de cette catégorie. Le MITS Altair 8800... pas très heureux, comme nom, vous avouerez... Hélas, ce produit n'existe plus.

Du Mont avait lancé le premier poste télé. Duryea, la première automobile. Hurley, la première machine à laver. Aucun n'a survécu sur le marché.

La loi du premier occupant aurait-elle de sérieuses failles ? Non, mais la loi de l'esprit la nuance. Ce qui compte, c'est d'être le premier *dans l'esprit des clients.* Arriver le premier *à leurs yeux,* voilà l'essence même du marketing. Arriver chronologiquement le premier n'a d'intérêt que dans la mesure où cela vous permet de prendre pied le premier dans les esprits.

IBM n'était pas le premier sur le marché des gros systèmes. Remington Rand avait déjà lancé son Univac. Mais grâce à une campagne de marketing appropriée, IBM s'infiltra le premier dans l'esprit des clients, et vous connaissez la suite.

La loi de l'esprit découle de la loi de la perception (voir chapitre suivant). Si le marketing est une bataille de perceptions et non de produits, la conquête des esprits prévaut sur celle du marché. Des milliers de créateurs d'entreprise en herbe se cassent les dents sur cette loi. Ils croient détenir l'idée ou le concept qui va révolutionner le secteur, et c'est parfois vrai. Mais le problème est d'insuffler cette idée ou ce concept à vos clients.

La solution traditionnelle à ce problème, c'est l'argent. Il en faut beaucoup pour mettre le produit au point, pour organiser le service, pour tenir des conférences de presse, participer à des expositions, lancer des campagnes de publicité et de mailing direct (voir chapitre 22, la loi des ressources).

Malheureusement, certains en concluent que l'argent est la réponse à tous les problèmes de marketing. C'est faux. De toutes les activités humaines, le marketing est la pire source de gaspillage (exception faite des dépenses de l'État, bien sûr).

Il est difficile d'influer sur une opinion, une fois qu'elle est ancrée. Cela revient un peu, pour un général, à attaquer de front l'armée ennemie embusquée dans des tranchées.

Wang était le premier pour les machines à traitement de texte, mais ces appareils tombèrent rapidement en désuétude. L'avenir était aux ordinateurs. Or, Wang ne put jamais négocier ce virage délicat. En dépit des millions de dollars dépensés par la firme pour la promotion de ses micro et mini-ordinateurs, Wang reste perçu comme un fabricant de machines à écrire améliorées.

Xerox était le leader des photocopieuses. Il voulut se faire une place sur le marché informatique. Vingt-cinq ans et deux milliards de dollars plus tard, les ordinateurs Xerox n'ont toujours pas réussi à percer.

Pour modifier un fichier informatique, il vous suffit de détruire ou « d'écraser » le matériel existant. Mais si vous voulez amener quelqu'un à changer d'opinion, bon courage ! Une fois fixée, une opinion résiste à (presque) tout. En marketing, tenter d'inverser une opinion établie relève de l'opération kamikaze.

Ceci peut expliquer l'énigme de ces jugements quasi définitifs qui se forment dans les esprits, de façon instantanée et parfois irrationnelle. Pensez à ces inconnus qui deviennent des stars pratiquement du jour au lendemain. Ces phénomènes de célébrité soudaine s'observent très couramment.

Si vous voulez faire forte impression sur quelqu'un d'autre, n'espérez pas y parvenir « petit à petit ». Ce n'est pas ainsi qu'on s'immisce dans un esprit. Le cerveau ne sécrète pas ses impressions favorables comme les huîtres font leurs perles. Une opinion ne cristallise pas si lentement. Pour s'imposer, il faut frapper un grand coup. Pourquoi ?

Parce que nous détestons changer d'avis. Une fois que quelqu'un s'est fait de vous une certaine image, c'est terminé. Vous êtes définitivement classé dans son répertoire mental. Il ne peut ni ne veut plus vous imaginer dans une catégorie différente.

Le poids de l'argent est l'un des mystères les plus insondables du marketing. Un jour, une poignée de dollars accomplit des miracles. Le lendemain, des millions ne peuvent sauver l'entreprise du naufrage. Quand vous disposez d'un public exempt d'idées préconçues, prêt à vous écouter, l'argent agit à doses homéopathiques. Apple fit une ascension fulgurante dans le monde informatique avec les seuls 91 000 dollars de Mike Markkula.

Son nom si simple, si facile à retenir, fut un puissant atout pour s'imposer, surtout face à des concurrents qui n'avaient pas eu la présence d'esprit d'en choisir d'aussi bons. À cette époque héroïque, les quatre autres machines qui rivalisaient avec l'Apple II s'appelaient respectivement Commodore Pet, IMSAI 8080, MITS Altair 8800 et TRS-80 de Radio Shack. Selon vous, laquelle avait le meilleur nom, le plus simple, le plus facile à retenir ?

4

La loi de la perception

Le marketing n'est pas une bataille de produits, mais de perceptions.

Bien des gens conçoivent le marketing comme une bataille rangée entre des produits. À long terme, se disent-ils, le meilleur gagne.

Les responsables du marketing s'emploient à mener des études pour « collecter des données objectives ». Ils analysent l'environnement, tâchent de s'assurer que les faits ne les contredisent pas, puis, rassérénés, entrent dans l'arène du marché, sûrs d'avoir le meilleur produit, persuadés que le meilleur finit toujours par triompher.

Illusion ! Il n'existe pas de réalité absolue, de « données objectives ». Pas de produit qui soit « objectivement » meilleur que les autres. Le monde du marketing n'est fait que de perceptions dans l'esprit des consommateurs ou des clients potentiels. La perception est la réalité du marketing. Tout le reste n'est qu'illusion.

Toute vérité est relative. Relative à ce que vous pensez, à ce que pense tel ou tel être humain. Si vous dites « J'ai raison ; c'est mon voisin qui a tort ! » vous ne faites qu'affirmer la primauté de votre perception sur la sienne.

Nous sommes pour la plupart persuadés de tout percevoir mieux que tout le monde. Nous croyons nos sens infaillibles. Nos sensations nous paraissent plus fines, plus fiables, plus fidèles que celles de nos amis ou de nos voisins. Pour notre esprit, la réalité et la perception que nous en avons ne sont qu'une seule et même chose.

Il n'est pas aisé d'en prendre conscience. Pour nous accommoder de notre terrifiante solitude dans cet univers, nous projetons sur les choses notre monde intérieur. Nous « vivons » dans nos livres, nos films, nos émissions, nos journaux. Nous nous constituons en clubs, en coteries, en institutions, et ces représentations du monde finissent par devenir pour nous plus réelles que la réalité elle-même.

Les gens croient dur comme fer que la réalité est le monde extérieur à leur esprit, et que l'individu est un petit point, un élément d'un grand vaisseau spatial. Or, c'est juste l'inverse. La seule réalité dont nous puissions être sûrs est celle de nos perceptions. S'il existe un univers, c'est d'abord dans votre esprit, et dans celui des autres. Voilà la réalité dont doivent s'accommoder les programmes de marketing.

Peut-être y a-t-il des océans, des rivières, des villes, des arbres et des maisons, autour de nous, mais quel moyen avons-nous de nous en assurer, en dehors de ce que nous transmettent nos sens ? Le marketing est l'art de manipuler ces perceptions.

La plupart des erreurs de marketing découlent de la supposition que la bataille se livre entre des produits, sur le terrain d'une réalité objective. Toutes les lois énoncées dans ce livre procèdent du point de vue inverse.

Ce que certains considèrent comme les lois naturelles du marketing reposent sur l'hypothèse erronée que votre produit est le champion de votre campagne et que c'est en fonction de ses performances et des ses qualités intrinsèques que vous sortirez vainqueur ou vaincu de l'affrontement avec le marché. Et voilà pourquoi la façon la plus naturelle et la plus logique de commercialiser un produit mène à l'erreur.

Ce n'est qu'en étudiant la manière dont les

perceptions se forment dans l'esprit et en concentrant votre programme de marketing sur ces perceptions que vous pourrez déjouer cette conception apparemment logique, mais de fait fausse.

Chacun de nous (fabricants, distributeurs, détaillants, consommateurs, clients potentiels) voit le monde à travers une paire d'yeux. S'il existait autour de nous une réalité objective, comment le saurions-nous ? Comment pourrions-nous la mesurer ? Qui serait à même d'en juger ? Cela ne pourrait être qu'une autre personne, percevant la même scène à travers d'autres yeux.

La vérité n'est rien de plus et rien de moins qu'un avis d'expert. Mais qui est cet expert ? Quiconque se voit attribuer ce titre par un tiers.

Puisque la vérité est si inconsistante et si éminemment subjective, pourquoi les spécialistes du marketing passent-ils leur temps à décortiquer de prétendus faits ? Pourquoi tant de décisions sont-elles prises sur des comparaisons entre des données prétendument objectives ? Pourquoi tant de responsables du marketing pensent-ils que la réalité leur donne raison, que leur travail consiste à brandir les chiffres comme des armes absolues pour corriger des « erreurs de perception » enracinées dans l'esprit de leurs clients ?

S'ils s'appuient tant sur les « faits », c'est qu'ils croient en l'existence d'une réalité objective. Et ils n'ont pas de mal à s'imaginer que la vérité est de leur côté. Si vous pensez qu'il faut et qu'il suffit d'avoir le meilleur produit pour remporter la victoire sur le marché, vous n'aurez aucun mal à vous persuader que votre produit est le meilleur.

Il vous suffit pour cela d'une très légère modification de votre perception. Mais changer ce que contient la tête de vos clients, c'est une autre paire de manches !

Rien n'est plus difficile. Avec un minimum d'expérience dans une certaine catégorie de produits, les consommateurs s'octroient un pouvoir de décision absolu. Ils élèvent leur propre jugement au rang de vérité universelle et, de leur point de vue, ils ne se trompent qu'exceptionnellement, sinon jamais.

Lorsqu'on observe deux marchés séparés dans l'espace, le pouvoir de la perception devient une évidence. Pensez par exemple aux trois marques automobiles japonaises les plus vendues aux États-Unis : dans l'ordre, Honda, Toyota et Nissan. Les spécialistes du marketing croient pour la plupart que les différences de résultats entre ces marques découlent de la qualité, du design de leurs produits, de leur prix, de la puissance de leur moteur. Faux. Ce qui détermine le succès, c'est ce que pensent les consommateurs d'une Honda, d'une Toyota ou d'une Nissan. Le marketing est une guerre de perceptions.

Les fabricants japonais vendent les mêmes modèles au Japon. Si le marketing était une bataille de produits, on pourrait penser que le classement entre les trois marques serait le même au Japon et aux États-Unis. Les modèles ont la même qualité, le même design, la même puissance, le même prix dans les deux pays, non ? Détrompez-vous. Au Japon, Honda n'arrive pas en tête. Elle est en troisième position, derrière Toyota et Nissan ; Toyota vend quatre fois plus de voitures qu'elle.

Alors pourquoi cette différence de performance entre Honda au Japon et Honda aux États-Unis ? Les produits sont identiques. Seule diffère la perception des clients.

À New York, si vous annoncez à vos amis que vous venez d'acheter une Honda, ils vous répondront : « Ah oui ? Quel modèle de voiture ? Une Civic, une Prelude ? » À Tokyo, ils vous répondront : « Sans blague ? Quel modèle de moto ? »

Dans l'esprit des consommateurs japonais, Honda est avant tout un fabricant de motos et manifestement, les gens hésitent à acheter une voiture à un spécialiste de la moto.

Imaginons le cas de figure inverse. Qu'arriverait-il si Harley-Davidson s'avisait de lancer une voiture ? Son succès dépendrait du produit, pensez-vous. Sa qualité, son design, la puissance de son moteur, son prix. Vous vous dites peut-être que le prestige de Harley-Davidson serait un atout. Ce n'est pas notre avis. Son image de spécialiste de la moto nuirait à Harley-Davidson si la firme tentait de se lancer dans la construction automobile et ce, indépendamment des mérites de ses produits (voir chapitre 12, la loi de l'extension de gamme).

Pourquoi la soupe Campbell est-elle numéro un aux États-Unis, alors qu'elle n'a aucun succès en Angleterre ? Pourquoi la soupe Heinz est-elle un échec aux États-Unis, alors qu'elle est numéro un en Angleterre ? Parce que le marketing est une guerre de perceptions, non de produits. La mission du marketing est de « faire avec » ces perceptions, et d'en tirer parti.

Les dirigeants de certaines firmes productrices de boissons sans alcool persistent à croire que le marketing est affaire de « goût ». Ils ont tort. Pour ce qui est du goût, le New Coke est numéro un. Coca-Cola a pratiqué 200 000 tests de « goût », qui ont prouvé que le New Coke était « meilleur » que le Pepsi, lui-même « meilleur » que la formule d'origine du Coca, à présent rebaptisée « Coca-Cola Classic ». Mais sur le terrain, qui remporte la bataille ? Le Classic, dont tous les tests ont démontré qu'il avait le « moins bon goût » des trois ! Et le New Coke n'arrive qu'en troisième position, malgré ses bons résultats aux tests.

On croit ce que l'on veut croire. On sent ce que l'on veut sentir. Pour les boissons au cola comme ailleurs, le marketing est affaire de perceptions, et non affaire de « goût » !

Ce qui rend encore plus imprévisible l'issue du combat, c'est que les clients prennent leurs décisions d'achat sur des perceptions de seconde main. Au lieu d'agir selon leur propre vision du monde, ils s'en remettent à celle d'autrui. C'est le principe du « chacun sait que ».

Chacun sait que le voitures japonaises sont de meilleure qualité que les voitures américaines. Et les consommateurs prennent leurs décisions d'achat en fonction de cette conviction. Normal — tout le monde le sait ! Quand on interroge les clients d'un magasin, ils admettent souvent n'avoir aucune expérience personnelle de tel produit, mais cela ne les empêche pas d'en avoir une opinion bien ancrée, qui influencera ensuite leur expérience réelle du produit.

Vous avez été déçu par une voiture japonaise ? Vous avez dû tirer un mauvais numéro puisque, comme chacun sait, les voitures japonaises n'ont jamais de pépins. Vous êtes satisfait de votre voiture américaine ? Vous avez eu une sacrée veine, car, comme chacun sait, les voitures *américaines*, c'est du toc !

Les Audi ont des défauts — tout le monde vous le dira. Le 23 novembre 1986, lors de l'émission « 60 minutes », CBS a diffusé une séquence intitulée « Out of control », qui mettait en garde les consommateurs contre les risques « d'accélération spontanée » que présenteraient certaines Audi. On avait constaté plusieurs cas de véhicules avec ce défaut. Les ventes d'Audi aux États-Unis piquèrent du nez : de 60 000 en 1986, elles sont passées à 12 000 en 1991. Mais avez-vous personnellement rencontré ce problème d'accélération spontanée, en conduisant une Audi ? C'est hautement improbable. Aucun des experts automobiles qui ont testé la voiture n'a réussi à mettre ce défaut en évidence. Ça n'a pas empêché la perception de s'installer, et pour longtemps.

Récemment, dans une publicité, Audi comparait ses voitures aux modèles homologues de Mercedes-Benz et de BMW. Selon cette publicité, les experts automobiles allemands avaient classé les Audi devant les Mercedes et les BMW.

Vous y croyez, vous ? Sans doute pas. Et quelle importance, puisque le marketing est affaire de perceptions, et non de produits...

5

La loi de la convergence

L'approche la plus efficace est de s'approprier un mot dans l'esprit du client.

Une marque peut faire des prodiges si elle parvient à s'identifier à une idée, à un mot dans l'esprit des consommateurs. Un mot tout simple, parmi les plus quotidiens. Les plus évidents, les plus banals sont les meilleurs. Un mot tout bête, sorti tout droit du dictionnaire.

Voici le principe de convergence : c'est en rétrécissant la cible que l'on s'insinue dans les esprits. Lorsqu'elle se réduit à un seul mot ou à un seul concept, tels les rayons lumineux convergeant en un point à travers la loupe, toute l'énergie du message se trouve concentrée en ce point — et il passe !

C'est le sacrifice suprême en marketing.

Federal Express est parvenu à s'imposer grâce au mot *overnight* (du jour au lendemain) parce que la firme a concentré toute son activité sur le transport des colis en « 24 heures chrono », et lui a sacrifié tout le reste.

La loi du premier occupant, « plutôt le premier que le meilleur », ne vaut que dans la mesure où elle permet à la première firme ou à la première marque de s'approprier avant ses concurrents un certain mot dans l'esprit des clients. Mais ce mot dont le leader fait sa chasse-gardée est si simple, si évident, qu'il en devient invisible.

Le leader s'arroge le mot qui désigne la catégorie. IBM possède le mot « ordinateur ». Ce qui revient à dire que la marque prend valeur de terme générique pour la catégorie. Si vous dites « Il va falloir acheter un autre IBM ! » tout le monde comprend qu'il vous manque un ordinateur.

Nous pourrions ainsi tester les prétentions à la

première place de diverses firmes grâce à des jeux d'associations de termes. Aux États-Unis, aux mots *ordinateur, photocopieuse, barre chocolatée,* et *boisson au cola* correspondent les marques *IBM, Xerox, Hershey* et *Coke.*

Pour affermir leur position, les leaders astucieux poussent le bouchon un peu plus loin. Heinz détenait déjà le mot *ketchup*. Mais la marque ne s'en est pas contentée. Elle a étendu sa mainmise à l'attribut le plus important pour ce produit : l'épaisseur, la richesse de consistance. Et cela a donné : « Heinz, le ketchup le plus *lent* de tout l'Ouest. » Cette appropriation du mot « lent », a permis à Heinz d'emporter 50 % du marché.

Si vous n'êtes pas le leader, votre mot doit être plus étroitement ciblé, mais dans tous les cas de figure, il doit être vacant pour votre catégorie. Il ne doit pas être le fief d'une autre marque.

Pas la peine d'être un prodige de créativité ni un génie de la langue pour dénicher un bon numéro. Prego s'attaqua au leader Ragu dans la catégorie sauce pour spaghettis et s'arrogea une part de 27 % grâce à une idée qu'il avait « empruntée » à Heinz. Le mot de Prego était tout simplement *thicker* (plus épais, plus consistant).

Les mots les plus simples sont les plus convaincants. Ils doivent exprimer l'avantage que le client trouvera en achetant le produit. Quelle que soit la complexité de ce que vous vendez ou celle des besoins du marché, vous avez toujours intérêt à concentrer l'énergie de votre message sur un seul mot, sur un seul avantage.

Ainsi, vous pourrez compter sur l'effet de halo. Si vous affirmez efficacement votre avantage, le client vous en attribuera sans doute d'autres. Une sauce tomate « plus épaisse » doit être aussi plus riche, plus nourrissante, de meilleure qualité, mieux cuisinée, etc. Une voiture « plus sûre » doit être équipée d'une mécanique plus fiable, avoir été conçue avec plus de soin...

La plupart des firmes ou des marques florissantes sont celles qui se sont attribué un mot dans l'esprit des consommateurs, parfois grâce à un programme délibérément conçu dans ce but. (Inutile de préciser que certains mots, comme le *fahrvergnugen* de Volkswagen — le « plaisir d'aller en voiture » — ne valent pas la peine d'être convoités !)

Quelques exemples célèbres :

Mercedes	mécanique
BMW	conduite
Volvo	sécurité
Domino's	livraison à domicile
Pepsi	jeunesse
Nordstrom	service
Crest	caries

Il existe diverses variétés de mots. Ils peuvent se rapporter à un avantage (la prévention des caries), à un service (la livraison à domicile), à un public (les jeunes), ou au succès commercial (le numéro un).

Nous avons affirmé haut et clair que les mots s'ancraient fermement dans les esprits, mais rien n'est éternel : il arrive fatalement un jour où la firme doit changer de mot. C'est toujours délicat. L'exemple récent de la Lotus Development Corporation nous permettra de mieux cerner la nature du problème.

Depuis des années, Lotus avait jeté son dévolu sur le terme « tableur ». Qui disait « Lotus » disait « 1-2-3 » et donc « tableur ». Mais le marché des tableurs est devenu l'objet d'une compétition féroce et son potentiel de croissance atteint ses limites. Comme toute entreprise, Lotus veut continuer à grandir. Comment peut-elle dépasser son statut de fabricant d'un produit unique ?

La réponse la plus habituelle à ce problème est l'extension tous azimuts. C'est ce qu'ont fait IBM et Microsoft et, de fait, Lotus aussi s'est risquée dans l'extension de gamme au sens traditionnel en rachetant le traitement de texte Ami Pro et en lançant plusieurs nouveaux logiciels. Puis Lotus concentra sa production autour d'un nouvel axe : les logiciels spécialisés pour les PC reliés en réseau.

Lotus est la première firme à lancer avec succès un logiciel de *groupware* (système d'exploitation pour réseaux). Si tout se passe bien, elle devrait d'ici peu s'approprier un deuxième mot dans l'esprit des clients.

À la différence de Microsoft, Lotus s'est fixé une cible. Les choses ne se feront pas en un jour, mais elle pourrait ainsi se constituer un fief durable dans le secteur des logiciels. Le terme *groupware* pourrait être à Lotus ce qu'a été *overnight* pour Federal Express et *safety* (sécurité) pour Volvo.

En revanche, on ne peut s'emparer d'un mot déjà attribué. Ce qui rend plausible la stratégie de Lotus, c'est que, pour l'heure, aucune autre firme n'a fait main basse sur *groupware*. Mieux :

on observe une forte tendance de toute l'économie en faveur des ordinateurs fonctionnant en réseau. (Plus de la moitié des ordinateurs à usage professionnel sont connectés à des réseaux. Il existe même un magazine spécialisé dans ce domaine, intitulé *Network Computing*.)

Bien des entreprises comprennent l'enjeu que représente la possession d'un terme ou d'un concept (qui devient alors « la perspective de l'entreprise »), mais elles négligent ce point capital : il faut s'en emparer le premier.

La pire des choses en marketing serait d'abandonner un terme qui vous est propre dans l'espoir de vous emparer d'un fief détenu par d'autres, comme ce fut le cas pour Atari. La firme s'était approprié le terme « jeux vidéo », mais le créneau s'avéra fluctuant. En 1989, Atari essaya donc de changer de cap. La firme voulait à présent s'attaquer au bastion « ordinateurs ». James Morgan, le PDG, le proclama on ne peut plus clairement : « La force de notre marque est aussi son point faible. Notre nom est synonyme de jeux vidéo. Atari doit à présent redéfinir son image et l'étendre aux autres produits électroniques de grande consommation. »

Hélas, pour M. Morgan et pour Atari, le mot qu'il briguait était déjà la chasse gardée d'une profusion de marques, dont IBM et Apple. La diversification d'Atari fut un désastre, mais en 1986, par une tragique ironie du sort, une autre firme s'empara du fief délaissé par Atari. C'était Nintendo, qui domine aujourd'hui à 75 % un marché des plus prospères. Mais à propos, vous savez ce que devient Atari, ces temps-ci ?

Le premier principe du marketing, c'est la

convergence, le rétrécissement de la cible. Plus vous réduisez l'étendue de vos opérations, plus votre impact augmente. Celui qui court trop de lièvres à la fois rentre bredouille.

Certains comprennent l'intérêt qu'ils ont à réduire leur cible, mais leur stratégie de convergence finit par se retourner contre eux. « Concentrons nos efforts sur le haut de gamme de notre marché. Renonçons aux produits de moindre qualité, qui se vendent grâce à leur prix réduit ! » Le *hic*, c'est que les clients ne vous croiront que si vous vous cantonnez aux produits de luxe, comme Mercedes-Benz ou BMW.

General Motors essaie de mettre la qualité à la portée de toutes les bourses. « Putting quality on the road » (soit à peu près « La qualité sur la route »), c'est leur dernier slogan. Tous leurs véhicules portent désormais l'estampille de l'excellence, mais savez-vous ce qu'ils font, chez Ford ? La même chose ! « La qualité, notre priorité ! » proclament-ils. Et chez Chrysler, Lee Iacocca de renchérir : « Nous ne voulons pas être les plus gros, nous voulons être les meilleurs ! » (Qui serait assez naïf pour le croire ?)

Et dans les entreprises, ce nouveau mot d'ordre fait un tabac. La qualité totale, la voie de l'excellence. Le thème fait sensation, lors des manifestations organisées à l'intention des concessionnaires. Avec fanfares et majorettes, l'effet est garanti. Mais hors de l'entreprise, le message perd toute portée. Connaissez-vous une firme qui se réclamerait de la non-qualité ? Pas nous. Tout le monde veut faire partie du clan. Tout le monde, c'est-à-dire personne.

Vous ne pouvez concentrer votre démarche de marketing sur la qualité, ni sur aucun autre concept, si vous n'avez pas de champion pour le point de vue adverse. On ne peut se définir comme un homme politique honnête, parce que personne n'est prêt à prendre la position opposée (bien qu'ils soient nombreux à pouvoir y prétendre !). Vous pouvez vous définir comme le champion de la classe dirigeante, ou celui des travailleurs, et vous n'aurez pas de mal à vous faire accepter comme tel. Vous ne manquerez pas d'adversaires dans l'autre camp.

Lors de votre recherche du terme à investir, n'hésitez pas à en découdre avec vos conseillers juridiques. Ils rêvent d'imposer un droit d'exclusivité sur tout ce qui sort de chez vous. Or le fin du fin, c'est justement de laisser les autres utiliser votre mot. Pour devenir leader, il faut bien avoir quelques « suiveurs ». Lotus, par exemple, aurait intérêt à ce que d'autres firmes s'essaient dans le créneau des systèmes d'exploitation pour réseaux. Cela donnerait plus d'importance à cette catégorie et plus d'impact à la prédominance de Lotus.

Une fois que vous tenez votre mot clé, protégez-le coûte que coûte. Pendant des années, les BMW se présentèrent comme le *nec plus ultra* de la « machine à conduire ». Puis la firme voulut élargir sa cible et chasser sur les terres de Mercedes-Benz, en mettant sur le marché de luxueuses berlines. Mais une seconde... comment un living roulant peut-il rester une « machine à conduire » ? Comment voulez-vous sentir la route, là-dedans ? Comment avoir un quelconque plaisir à conduire ?

Le temps commençait à se gâter, pour BMW. Heureusement, la firme a rapidement rectifié le tir, en lançant un petit modèle qui remet les sensations du conducteur à l'ordre du jour. BMW a retrouvé sa cible.

La loi de la convergence s'applique quoi que vous vouliez vendre, et même si vous voulez détourner les clients d'un produit. Les drogues, par exemple. Dans la presse et à la télévision, la campagne anti-drogue souffre d'un grand manque de convergence. Où est le concept unique, le mot clé qui résumerait tout et qui, s'infiltrant dans l'esprit des consommateurs, pourrait les dissuader d'acheter ? La pub anti-drogue s'évertue à frapper tous azimuts.

On pourrait penser que les responsables (des professionnels de la communication) tireraient la leçon de la campagne pour et contre l'avortement (menée par des amateurs), où chacun des deux camps s'est concentré sur un concept, et un seul. Pour la vie, d'un côté, et de l'autre, pour la liberté de choix.

Les responsables de la lutte anti-drogue devraient en faire autant et s'en tenir à un seul mot, qui prendrait ainsi une charge considérable. On devrait présenter la drogue (et d'ailleurs aussi le tabac) comme ce qu'ils sont aujourd'hui : d'intolérables fléaux sociaux. Quel est le mot qui pourrait catalyser tout ceci ? Le mot du mépris ultime : *loser* (vaincu, minable, raté). L'accoutumance à la drogue mène à toutes sortes de défaites (sur le plan personnel, professionnel, familial, etc.). Une campagne qui dirait « laissez la drogue aux ratés » pourrait avoir des effets très profonds, surtout auprès des utilisateurs occasionnels, qui sont plus attachés à leur statut social qu'aux plaisirs éphémères des paradis artificiels.

Ainsi le principe de convergence, capital en marketing, pourrait contribuer à vaincre l'un des plus graves fléaux de notre société.

6

La loi de l'exclusivité

Deux marques ne peuvent prétendre au même mot dans l'esprit des clients.

Dès lors qu'un concurrent s'est adjugé un mot ou une position dans l'esprit des clients, il est vain de prétendre au même attribut.

Comme nous l'avons déjà vu, Volvo s'est arrogé « sécurité ». Bien d'autres fabricants automobiles, dont Mercedes-Benz ou General Motors ont voulu lancer à leur tour des campagnes sur le thème de la sécurité. Pourtant Volvo est à ce jour le seul à avoir réussi à imposer son message de sécurité dans l'esprit des consommateurs.

La mésaventure d'Atari démontre qu'il est vain de vouloir se faire une place dans le créneau « ordinateurs domestiques », déjà occupé par des concurrents solidement implantés. La firme aurait eu de meilleures chances de réussir en tant que variante (les ordinateurs de jeux), parce qu'elle aurait ainsi tiré parti de son image de créateur de jeux vidéo. Mais c'est bien tout. Le créneau « ordinateurs domestiques » était déjà la chasse gardée d'Apple, de Commodore et des autres.

En dépit de tous ces scénarios catastrophe, les firmes s'obstinent à enfreindre le principe d'exclusivité. Mais on ne peut faire changer l'opinion des gens. Une fois fixée, une image mentale est quasi définitive. Le plus souvent, ceux qui s'acharnent ne parviennent qu'à renforcer d'autant la position de leurs rivaux en amplifiant l'importance de leur concept.

Après avoir abandonné son idée d'*overnight* (du jour au lendemain), Federal Express s'efforce à présent d'arracher le terme *worldwide* (mondial, universel) à son concurrent DHL. Naguère, les lettres acheminées par Federal Express portaient le cachet *overnight letter*. Aujourd'hui, le cachet n'indique plus que *FedEx letter*. La publicité de Federal Express ne dit plus : « Pour ce qui doit absolument, impérativement arriver le lendemain. » Le mot clé qui émerge à présent est *worldwide*.

D'où cette question essentielle : Federal Express peut-il espérer s'approprier ce mot ? Sans doute pas, puisqu'il appartient à une autre compagnie aérienne, la DHL Worldwide Express, dont le slogan est : « Faster to more of the world » (« Plus vite, dans une plus grande partie du monde »). Si Federal Express veut éviter la débâcle, la firme devra trouver le moyen de rétrécir sa cible, par rapport à DHL. Elle ne s'en sortira pas en disputant à son rival le bastion qu'il détient dans l'esprit des clients.

Au pays des petits lapins blancs, on assiste à un autre assaut désespéré. Le Bunny Energizer tente de ravir au Bunny Duracell son image de pile longue-durée. Eveready jetterait-il dans la mêlée des nuées de lapins, il ne pourra arracher le fief de la longue durée à son rival Duracell qui s'est infiltré le premier dans les esprits et y a imposé son image, encore renforcée par le préfixe « Dura » de son nom.

Ce sont souvent les études de marché qui attirent dans ce traquenard les professionnels du marketing. On met sur le pied de guerre des légions d'analystes, on lance de grandes enquêtes, on fait remplir des kilomètres de questionnaires, et qu'en sort-il ? Deux tonnes de paperasses et une liste des attributs que les consommateurs attendent de votre produit ou de votre service. Et vous voilà renseigné. C'est ce qu'ils veulent — vous n'avez plus qu'à le leur donner !

Quel est le principal problème que rencontrent les utilisateurs de piles ? Elles flanchent toujours quand on en a besoin. Alors, quel est l'attribut numéro un, pour une pile ? Sa durée de vie, évidemment. Et si c'est ce que veulent les gens, c'est bien sûr ce dont doit leur parler notre pub. Erreur !

Ce que vos études de marché ne vous disent pas, c'est que le concept est déjà pris. Les spécialistes de l'analyse de marché préfèrent encourager leurs clients à lancer des programmes monumentaux. « En y mettant le prix, vous vous rendrez maître de l'idée », leur expliquent-ils. Erreur, grossière erreur !

Il y a quelques années, Burger King s'engagea sur une pente savonneuse qu'il n'a jamais pu remonter. Une étude de marché avait fait ressortir que l'attribut le plus demandé par les consommateurs de fast-food était « rapide » — on s'en serait douté ! Les responsables de Burger King firent donc ce qu'auraient fait à leur place tous les responsables dignes de ce nom, ils prirent rendez-vous avec leur agence de pub attitrée et dirent : « Si c'est de la rapidité que veulent nos clients, notre publicité doit les convaincre que nous sommes sacrément rapides ! »

Mais l'étude de marché avait passé sous silence un point essentiel : Burger King n'était pas la chaîne de fast-food perçue aux États-Unis comme la plus rapide. L'attribut *fast* appartenait déjà à McDonald's. Sans se laisser démonter, Burger King engagea le combat avec le slogan « Best food for fast times » (soit « manger mieux et plus vite »). La campagne fut presque aussi catastrophique que celle dont le personnage « Herb le Zozo » avait été la vedette. L'agence de communication fut remerciée, ainsi que l'équipe dirigeante de Burger King. L'entreprise fut vendue et continua sur la pente du déclin.

On ne plaisante pas avec le principe d'exclusivité.

7

La loi de l'échelle

Vous devez adapter votre stratégie à la position que vous occupez sur l'échelle mentale des clients.

Conquérir la première place dans l'esprit des clients est donc votre objectif prioritaire, mais si vous échouez dans cette entreprise, la bataille n'est pas irrémédiablement perdue. Les positions numéro deux et numéro trois restent jouables.

Tous les produits ne naissent pas égaux. Pour faire son choix, le client se réfère à une sorte de hiérarchie. Il existe pour chaque catégorie une échelle mentale dont les barreaux sont occupés par les différentes marques. Dans la catégorie « location de voitures », par exemple, c'est Hertz qui se tient au premier échelon, ensuite viennent Avis et National.

Vous devriez définir votre stratégie de marketing en fonction de votre ordre d'arrivée dans le créneau (du point de vue du consommateur, bien sûr), ordre dont découle votre rang dans l'échelle. Plus vous vous rapprochez du premier barreau, et mieux c'est.

Prenons l'exemple d'Avis. Pendant des années, la pub de cette firme a vanté la qualité de ses services. « Le meilleur service de location de voitures », c'était son acte de foi. Mais le consommateur regardait ses affiches d'un œil dubitatif : « Comment pourraient-ils être les meilleurs, puisqu'ils ne sont pas au sommet de mon échelle ? »

Avis fit alors ce qu'on a de mieux à faire pour améliorer son image aux yeux des clients : la firme reconnut sa position de challenger. « Nous sommes le numéro deux de la location de voitures. Alors, pourquoi venir chez nous ? Parce que nous en faisons toujours un peu plus ! »

Avis avait été déficitaire treize années d'affilée, mais dès qu'elle admit sa vraie place, elle se mit a gagner de l'argent, beaucoup d'argent. Peu après, elle fut rachetée par ITT, qui imposa bientôt un nouveau thème : « Avis va être numéro un ! »

« Ah ça, se dirent les clients, c'est ce qu'on va voir ! Avis n'est pas numéro un dans mon échelle ! » Et pour mettre les points sur les i, des foules de clients se mirent à appeler Hertz. La campagne d'Avis fut un échec.

Bien des professionnels du marketing n'ont pas su tirer la leçon de cette histoire et se sont mépris sur son sens. Ils ont pensé, à tort, que la firme avait eu du succès parce qu'elle avait prouvé qu'elle faisait un plus grand effort de qualité (et donc qu'elle proposait effectivement un meilleur service). Mais pas du tout. Avis avait eu du succès parce qu'elle s'était positionnée par rapport à Hertz dans l'esprit des clients. Si l'acharnement dans l'effort était la clé du succès, Harold Stassen (un candidat malheureux, mais persévérant...) aurait déjà été plusieurs fois président des États-Unis !

Et bien des spécialistes du marketing commettent la même erreur qu'Avis. Récemment, l'université Adelphi de Garden City dans l'état du Long Island, s'est favorablement comparée à Harvard. « Minute ! se sont dit les futurs étudiants, Adelphi ne figure même pas dans mon échelle ! » Et comme on s'en doute, Adelphi n'attire pas beaucoup de bons élèves.

L'esprit est sélectif. Pour trier les informations qu'ils acceptent et celles qu'ils rejettent, les clients se réfèrent à leur échelle. Un esprit rejette généralement toute nouvelle donnée incompatible avec l'échelle de valeur correspondant à la catégorie concernée.

Lorsque Chrysler compara ses voitures avec celles de Honda, la firme ne convainquit personne. Rares furent les Américains qui échangèrent leur Prelude et leur Accord contre une Plymouth ou une Dodge. L'une des affiches de Chrysler l'affirmait pourtant : « Ça paraissait idiot de comparer une Dodge d'occasion à une Honda neuve... jusqu'à ce que nous ayons eu les résultats sous les yeux. » La pub expliquait qu'on avait demandé à cent automobilistes de comparer une Dodge Spirit avec 130 000 kilomètres au compteur et une Accord Honda flambant neuve. Une majorité (cinquante-huit) avaient préféré la Dodge.

Idiot. (Mais pas forcément faux.)

Où en est votre produit dans l'échelle mentale des clients ? Combien d'échelons comporte-t-elle ? Cela dépend de la place qu'occupe votre produit dans la vie quotidienne des consommateurs. Les marchandises dont on se sert quotidiennement (les cigarettes, les colas, la bière, le dentifrice, les céréales) relèvent d'une échelle comportant de nombreux barreaux. Celle des produits qu'on achète plus rarement (les meubles, les bagages, les tondeuses à gazon) en comporte moins.

Les produits auxquels s'attache un grand prestige et dont l'image rejaillit sur leur propriétaire (les voitures, les montres, les appareils photo) sont eux aussi des objets hautement investis, dont l'échelle comporte de multiples barreaux, bien qu'on n'en achète pas tous les jours.

L'échelle des produits achetés le plus rarement

et rattachés à une expérience désagréable (les batteries automobiles, les pneus, les assurances-vie) comporte peu d'échelons. Celle du produit que l'on n'achète qu'une fois pour toutes et avec la plus extrême réticence n'en a carrément aucun : les cercueils Batesville, vous connaissez ? Probablement pas, bien que la marque détienne pratiquement 50 % du marché américain.

Il existe une relation entre votre part de marché et la position que vous occupez sur l'échelle mentale de vos clients potentiels. Votre part de marché est à peu près le double de la marque qui vous suit et la moitié de celle de la marque qui vous précède.

Par exemple, Acura fut la première voiture japonaise de luxe. Puis vint Lexus, puis Infiniti. Durant cette dernière année, Acura a vendu 143 708 véhicules aux États-Unis. Lexus en a vendu 71 206 et Infiniti 34 890. La relation entre les ventes des trois marques suit donc une progression arithmétique 4-2-1 quasi parfaite. La bataille entre ces trois concurrents n'en est encore qu'à un stade précoce. Les modèles sont nouveaux sur le marché et suscitent un grand intérêt dans le public et les médias. À long terme, quand cette effervescence se sera un peu calmée, d'autres forces entreront en jeu (voir chapitre suivant, la loi de la dualité).

Les professionnels du marketing parlent souvent des trois marques leaders d'une catégorie comme s'il s'agissait de trois concurrents égaux. Mais ce n'est généralement pas le cas. Le plus souvent, le leader domine de très loin le second, qui domine le troisième. Pour les aliments pour bébés, c'est Gerber, Beech-Nut et Heinz. Pour la bière, c'est Budweiser, Miller et Coors. Pour les services téléphoniques longue distance, c'est AT&T, MCI et Sprint.

Existe-t-il une limite au nombre des échelons ? Il semblerait qu'une règle de sept s'applique à la capacité mnémonique des consommateurs. Demandez aux gens de votre entourage de vous citer toutes les marques qu'ils connaissent dans une catégorie donnée. Très peu de personnes vous citeront plus de sept noms, et ce pour une catégorie très fortement investie.

Selon le Dr George Miller, psychologue à Harvard, l'esprit humain ne peut généralement pas manipuler plus de sept unités à la fois, ce qui expliquerait pourquoi le nombre sept revient si souvent dans les listes dont il faut se souvenir — les numéros de téléphone à sept chiffres, les sept merveilles du monde, les sept péchés capitaux, les sept jours de la semaine, Blanche-Neige et les sept nains, les sept signaux d'alarme du cancer.

Vous pouvez vous retrouver à l'étroit sur votre échelle ou dans votre catégorie. Il est parfois plus avantageux d'être un petit poisson dans un grand bocal, que l'inverse. En d'autres termes, il vaut parfois mieux être le numéro trois dans une grande catégorie que le numéro un dans une petite.

L'échelon numéro un de la limonade était occupé par 7-up (Sprite étant second). Mais dans le secteur des boissons sans alcool, l'échelle « cola » est bien plus importante que l'échelle « limonade », puisque les deux tiers des boissons sans alcool consommées aux États-Unis sont du type cola. 7-up se lança donc à l'assaut de l'échelle cola, avec une campagne intitulée « l'anti-cola ».

Le 7-up devint au cola ce que le thé est au café : une alternative. Et les ventes de 7-up de décoller en flèche, portant la marque à la troisième place des boissons sans alcool aux États-Unis.

Elle a malheureusement perdu cette brillante troisième place en transgressant l'un des principes les plus vitaux de cet ouvrage, la loi de l'extension de gamme (présentée au chapitre 12).

L'échelle nous fournit une image simple mais efficace. Vous pouvez grâce à elle vous représenter les principaux problèmes du marketing. Avant de lancer un programme, posez-vous les questions suivantes : Quelle est votre place dans l'échelle de votre catégorie, aux yeux de vos clients potentiels. Au sommet ? En deuxième position ? Y figurez-vous seulement ?

Assurez-vous ensuite que votre programme tient compte de cette position avec réalisme. Mais nous aurons l'occasion d'y revenir.

8

La loi de la dualité

À long terme, tout marché se réduit à un duel entre deux concurrents.

À un stade précoce, toute nouvelle catégorie se présente comme une échelle à barreaux multiples. Mais peu à peu, le nombre d'échelons diminue pour se stabiliser à deux.

Pour les piles, c'est Eveready et Duracell ; pour la pellicule photo, c'est Kodak et Fuji ; pour la location de voiture, c'est Hertz et Avis ; pour les bains de bouche, c'est Listerine et Scope ; pour les hamburgers, c'est McDonald's et Burger King ; pour les chaussures de sport, c'est Nike et Reebok ; pour le dentifrice, c'est Crest et Colgate.

Quand on regarde les choses avec suffisamment de recul, la mêlée du début se termine souvent par un duel entre deux colosses — en général, la bonne vieille marque qui a fait ses preuves face à un nouveau venu qui se pose en challenger.

Il était une fois, en 1969, trois marques qui dominaient un certain marché. Le leader en détenait 60 % ; le numéro deux, 25 % ; et le numéro trois, 6 %. Des marques de distributeurs et des firmes de moindre importance se partageaient le reste. Selon la loi de la dualité, ces parts de marché sont par nature instables. Cette loi nous indique en outre que le premier perdra du terrain et que le second en gagnera.

Aujourd'hui, vingt-deux ans plus tard, le leader n'a plus que 45 % du marché, le numéro deux en a 40 % et le numéro trois, 3 %. Ces marques sont respectivement Coca-Cola, Pepsi et Royal Crown Cola, mais le principe s'applique universellement à tous les produits.

Considérons les services téléphoniques longue distance. AT&T détient 65 % du marché, MCI

17 % et Sprint 9 %. Qui sortira vainqueur de cette guerre du téléphone ? Bien que l'avenir soit imprévisible (chapitre 17, la loi de l'imprévisible), un amateur de paris aurait tendance à miser sur MCI, qui a gagné contre Sprint pour la deuxième place. Il devrait maintenant se poser en challenger de ce bon vieil AT&T dont la réputation n'est plus à faire.

Sprint ne doit pas être mécontent de sa troisième position. 9 %, cela vous semble peut-être maigre, mais il s'agit tout de même de 6 milliards de dollars en termes de chiffre d'affaires annuel, dans un marché en pleine expansion.

À long terme, Sprint devrait cependant se préparer à affronter de graves difficultés. Pensez au triste sort de Royal Crown Cola. En 1969, la firme Royal Crown avait rénové son système de franchise qui regroupait 350 concessionnaires. Elle avait engagé l'ex-président de Rival Pet Food, un vétéran de Coke et de Pepsi. Elle fit appel à Wells, Rich et Greene, le *nec plus ultra* des agences de communication new-yorkaises. « Nous allons anéantir Coke et Pepsi réunis », déclara Mary Wells Lawrence, la directrice de l'agence, aux franchisés Royal Crown. « Je n'irai pas par quatre chemins : nous allons tout bonnement les saigner à blanc ! »

Mais Royal Crown fut la seule victime de ce carnage. Lorsqu'un marché atteint sa période de maturité, la troisième place devient difficile à tenir.

Pensez à l'industrie automobile américaine... En dépit des mesures draconiennes appliquées par Lee Iacocca, Chrysler est en péril. À long terme, la mêlée du marketing se réduit à un duel de géants.

Et dans les jeux vidéo... À la fin des années quatre-vingt, Nintendo dominait le marché avec ses 75 %. Ses deux challengers étaient Sega et NEC. Aujourd'hui, Nintendo et Sega sont au coude à coude et NEC est largement distancé. À long terme, le marketing devient un jeu à deux joueurs.

Les références temporelles varient néanmoins beaucoup selon les secteurs. Si la bataille du marché explosif des jeux vidéo s'est jouée en deux ou trois saisons, celle des réseaux téléphoniques prendra peut-être deux ou trois décennies.

Et les compagnies aériennes... Avec 20 % du marché, American Airlines a pris la tête et finira sans doute par devenir le Coca-Cola du ciel. La bataille se livre donc entre Delta et United, avec 18 % chacun. L'un des deux décollera, comme Pepsi, tandis que l'autre suivra la pente de Royal Crown. À long terme, le marketing se joue entre deux gros joueurs.

Ces schémas s'appliqueront-ils comme autant de décrets inexorables du sort ? Évidemment pas. D'autres lois du marketing peuvent interférer et influer sur l'issue du combat. Sans oublier les effets décisifs que peuvent avoir sur les ventes des campagnes conçues conformément aux lois du marketing.

Si vous êtes dans la position faible du numéro trois, comme Royal Crown, vous n'irez pas très loin en attaquant de front vos deux puissants leaders. Vous avez plutôt intérêt à vous ménager un confortable petit créneau où vous pourrez briller de tous vos feux (voir chapitre 5, la loi de la convergence).

Quand on sait qu'à long terme, le marketing se réduit à un duel entre deux rivaux, il devient plus facile d'établir une stratégie à court terme.

On est souvent confronté à l'absence d'un numéro deux clairement défini. L'issue de la mêlée dépend alors de l'adresse des concurrents. Prenons l'exemple des ordinateurs portables. Toshiba est largement en tête, avec 21 % du marché, et cinq firmes se disputent la deuxième place : Zenith, Compaq, NEC, Tandy et Sharp, qui détiennent chacun entre 8 et 10 % du marché. L'arrivée de cette course à six chevaux avec seulement deux places à l'arrivée promet d'être palpitante. Toshiba et qui ? Qui décrochera la deuxième position ?

Le terrible gaspillage que l'on observe dans les catégories hautement médiatisées, telles que celle des portables, est un désastre pour l'économie. Il existe actuellement 130 marques de portables. On peut compter sur la loi de la dualité pour éclaircir leurs rangs d'ici le siècle prochain.

Pensez à l'histoire de l'industrie automobile américaine. En 1904, 60 entreprises fabriquaient 195 modèles différents. Pendant la décennie qui suivit, 531 firmes furent créées, et 346 disparurent. En 1923, il n'en restait plus que 108. En 1927, leur nombre avait chuté à 44. Aujourd'hui, Ford et General Motors dominent le secteur industriel et l'avenir de Chrysler est incertain.

Les meilleurs concentrent leurs efforts sur les deux premières places. Le mythique Jack Welch, président et directeur général de General Electric, a récemment déclaré : « Dans cet environnement de plus en plus compétitif, seules les entreprises qui se classent en première ou en seconde position dans leur catégorie ont des chances de survivre. Celles qui ne peuvent se maintenir au sommet doivent être améliorées, supprimées ou vendues. » C'est grâce à ce genre de philosophie que se sont constitués les géants industriels tels que Procter & Gamble, qui s'est arrogé la première ou la deuxième place dans 32 des 44 catégories de produits qu'il commercialise sur le sol américain.

À un stade plus précoce, dans un marché encore en plein développement, le troisième et le quatrième échelon peuvent sembler enviables. Les ventes sont à la hausse. De nouveaux clients, relativement inexpérimentés, affluent sur le marché. Ils ne savent pas encore qui est le leader et choisissent les produits qui leur paraissent les plus intéressants. Très souvent, ces produits sont les marques numéro trois ou numéro quatre.

Mais plus le temps passe, et mieux ces clients s'informent. Se conformant à l'idée naïve que le premier est forcément le meilleur, ils finissent par se rallier à la marque leader.

Soulignons encore une fois qu'aux yeux des clients, le marketing est une bataille de produits. Et cette manière de concevoir les choses renforce la position des deux marques de tête : « Puisqu'ils sont les premiers, c'est qu'ils doivent être les meilleurs ! »

9

La loi de l'opposition

Si vous voulez prospérer en seconde position, vous devez établir votre stratégie en fonction du leader.

Toute force implique une faiblesse. Face à un leader puissant, un challenger potentiel peut toujours trouver une faille pour faire basculer la situation en sa faveur.

C'est un peu comme, dans un match de catch, l'art d'utiliser la force de son adversaire contre lui.

Une marque peut transmuter en faiblesse la force du leader. Si vous voulez conquérir une confortable deuxième position, et la garder, observez bien la firme qui vous précède : quels sont ses points forts ? Comme pouvez-vous les transformer en faiblesses ?

Vous devez définir l'essence propre du leader et vous présenter sur le marché avec l'image opposée. Il ne s'agit pas d'être le meilleur, mais d'être différent. Le schéma le plus classique est celui du « petit nouveau » contre le « tenant du titre ».

Le Coca-Cola est un produit mythique. Dans toute l'histoire, seulement sept personnes ont eu sous les yeux sa formule, jalousement conservée depuis un siècle dans un coffre-fort d'Atlanta. Coca-Cola est un grand classique dont la réputation n'est plus à faire. Son rival Pepsi a inversé cette image pour se présenter comme le champion des nouvelles générations — et ce fut la *Pepsi Generation.*

On peut classer les clients d'un produit donné en deux catégories : ceux qui tiennent à acheter la marque leader et ceux qui ne veulent surtout pas acheter la marque leader. Si vous visez la deuxième place, vous devez convaincre ce second groupe.

En d'autres termes, lorsque vous vous positionnez comme l'anti-leader, vous enlevez des clients à tous les autres candidats. Si les vétérans boivent du Coca et que les jeunes boivent du Pepsi, il ne reste plus personne pour Royal Crown.

Et pourtant, des foules de numéro deux potentiels s'acharnent à imiter le leader. Ils ont le plus souvent tort. Mieux vaut se présenter comme l'alternative au leader.

Time a bâti sa réputation sur son style d'écriture haut en couleur. *Newsweek* a donc opté pour l'approche inverse : un style rigoureux et objectif. « Ne mélangeons pas les faits et les opinions... » Dans *Newsweek*, ce qui relève de l'opinion se trouve dans les éditoriaux, pas dans les articles d'information.

On doit parfois recourir à une certaine brutalité. Scope, le bain-de-bouche agréable au goût, n'a pas hésité à dénoncer ouvertement le goût chimique de son rival Listerine.

Mais il ne suffit pas de tomber sur vos concurrents à bras raccourcis. Le principe d'opposition est une lame à deux tranchants : il exige que vous attiriez l'attention des clients sur une faille assez évidente pour être instantanément reconnue. Débouchez un flacon de Listerine et vos narines seront aussitôt assaillies par ses relents d'eau de Javel. Puis retournez rapidement le couteau dans la plaie : Scope tue tout aussi bien les microbes, sans vous infliger ce goût abominable.

Cette catégorie nous offre un autre exemple intéressant, qui nous prouve combien il est vain de s'évertuer à singer le leader. En 1961, la firme Johnson & Johnson lança le bain de bouche Micrin, en soulignant ses vertus antiseptiques. En quelques mois, le Micrin accéda à la seconde place. Mais le Listerine vantait lui aussi ses talents d'exterminateur de microbes. En 1965, lorsque Procter & Gamble le lancèrent, le Scope avait donc la position inverse pour lui tout seul, et il ne tarda pas à s'adjuger la seconde place. En 1978, quand Johnson & Johnson retirèrent le Micrin du marché, sa part n'était plus que de 1 %.

Lorsque la bière Beck arriva aux États-Unis, elle dut résoudre un problème épineux : elle ne pouvait se présenter comme la première bière importée (c'était Heineken), ni comme la première bière allemande (qui était Lowenbrau). Elle contourna cet écueil en « repositionnant » Lowenbrau : « Vous avez essayé la bière allemande que préfèrent les Américains, goûtez maintenant la bière allemande que préfèrent les Allemands ! »

Aujourd'hui, Beck est devenu le numéro deux des bières européennes aux États-Unis. Parce que, pour ce qui est de la bière, les Américains font davantage confiance au palais des Allemands qu'au leur.

Lorsqu'un produit prend de l'âge, il accumule souvent un certain passif. C'est particulièrement vrai dans le secteur pharmaceutique. Prenons l'exemple de l'aspirine. Le produit fut mis sur le marché en 1889. Parmi les milliers de chercheurs qui l'étudièrent, il fallait bien qu'il s'en trouve un qui lui découvre un défaut. Et on mit en évidence un risque de lésion de l'estomac — juste à temps pour le lancement du Tylénol qui eut lieu, très opportunément, en 1955.

Grâce à la publicité qui fut faite autour de ces

fameuses « lésions stomacales », le Tylénol n'eut aucun mal à se positionner en tant qu'alternative. « Pour tous ceux qui ne supportent pas l'aspirine », disait sa publicité. Aujourd'hui, les ventes de Tylénol dépassent celles de l'aspirine. C'est le produit pharmaceutique le plus vendu aux États-Unis.

La vodka Stolichnaya apposa sur ses concurrentes Smirnoff, Samovar et Wolfschmidt, l'étiquette de « fausses vodkas russes », en soulignant qu'elles étaient fabriquées à Hartford (Connecticut), à Schenley (Pennsylvanie) et à Lawrenceburg (Indiana). Stolichnaya, elle, vient tout droit de Leningrad. Ce n'est pas un vulgaire ersatz.

Pour qu'une accusation soit efficace, elle doit s'entourer d'un halo de vérité. La publicité de Royal Doulton China (porcelaines), dirigée contre ses principaux rivaux américains, nous en offre un exemple désormais classique. L'accroche disait tout : « Royal Doulton, la porcelaine de Stoke-on-Trent (Angleterre), contre Lenox, la porcelaine de Pomona (New Jersey) ! » Beaucoup de clients pensaient auparavant que Lenox était une marque importée, et c'est bien ce sur quoi tablait la pub de Royal Doulton. En remettant Lenox à sa vraie place (à Pomona, dans le New Jersey), Royal Doulton parvint à se positionner comme l'authentique porcelaine anglaise. Pourquoi ? Parce que la plupart des gens ont peine à croire que des artisans puissent fabriquer de la belle porcelaine, en appliquant toutes les règles de l'art, dans un trou aussi ringard que Pomona. Mais cette affiche fit hurler de rire les Anglais qui l'eurent sous les yeux. Il paraîtrait que Stoke-on-Trent n'a rien de plus prestigieux que Pomona...

Le marketing est souvent une empoignade pour la légitimité. La première marque à s'imposer comme authentique peut ensuite jeter sur ses rivaux la marque infamante de l'imposture.

Un numéro deux ne peut s'offrir le luxe de la timidité. Dès qu'il cesse de tenir le numéro un en joue, il se rend vulnérable, non seulement aux coups du leader, mais aussi à ceux du peloton. Pensez aux mésaventures de Burger King, ces dernières années. Ce numéro deux du hamburger a enduré bien des déboires. Il est passé entre les mains de plusieurs équipes dirigeantes, de nouveaux propriétaires et de toute une ribambelle d'agences de communication. Pas besoin de remonter bien loin dans l'histoire pour comprendre quelle fut son erreur.

La période la plus florissante de Burger King fut celle où la firme eut une stratégie offensive. Elle ouvrit le feu avec son « Have it your way » (« À votre manière »), qui faisait ironiquement allusion à l'approche McDonald's, plus industrielle, moins personnalisée. Elle poursuivit avec « Broiling, not frying » (« Grillé, pas frit ») et avec « The Whopper beats the Big Mac » (« Le Whopper met KO le Big Mac »). Toutes ces campagnes renforcèrent sa position de numéro deux.

Puis, pour une raison X, Burger King abandonna le principe d'opposition. La firme renonça à montrer les dents, et se fit gentillette. Le monde découvrit avec perplexité le personnage de « Herb the Nerd » (« Herb le Zozo »). Ses slogans devinrent « The best food for fast times » (soit « Manger mieux et plus vite »), « We do it the way you do it » (« Préparé comme à la maison »), « You've got to break the rules » (« Il faut transgresser les règles »), etc. Elle lança même un programme en direction des enfants, le principal pilier sur lequel repose l'empire McDonald's.

Ce n'est pas ainsi qu'on s'assure une solide position de numéro deux. Le chiffre d'affaires moyen de Burger King par point de vente s'effondra et ne retrouva jamais le niveau qu'il avait atteint à l'époque où la firme adoptait une approche offensive.

L'erreur de Burger King fut de ne pas s'en tenir à sa première stratégie : celle de l'attaque.

10

La loi de la division

Avec le temps, une catégorie se divise en deux catégories, qui à leur tour se divisent...

On peut concevoir le marché comme une colonie de catégories en perpétuelle expansion, un peu comme des amibes au fond d'une boîte de Pétri.

À ses débuts, une catégorie n'est qu'une seule et même entité. Les ordinateurs, disons. Mais au fil du temps, la catégorie se subdivise : les gros systèmes, les mini-ordinateurs, les stations de travail, les ordinateurs personnels, les portables, les ordinateurs à saisie graphique.

À ses débuts, l'automobile ne constituait qu'une seule catégorie dominée par trois marques : Chevrolet, Ford et Plymouth. Puis la catégorie se ramifia : nous avons aujourd'hui les modèles économiques, de luxe, de sport, les grandes, les moyennes, les petites, les 4×4, les breaks, les minibus...

Autrefois, les chaînes de télévision ABC, CBS et NBC s'arrogeaient 90 % de l'audience. Maintenant, il existe des chaînes raccordées ou non à un réseau, publiques ou privées, gratuites ou payantes, le câble... en attendant l'avènement des chaînes « à la carte » et de la télé interactive !

La bière a suivi le même schéma de développement. Nous avons aujourd'hui des marques de luxe ou de consommation courante, des bières importées, ou fabriquées sur le sol national, allégées, à la pression, blondes, brunes ou rousses — et même des bières sans alcool.

La loi de la division affecte même les pays (il n'est que d'observer l'ex-Yougoslavie). En 1776, il existait environ trente-cinq empires, royaumes, pays et états dans le monde. À l'époque de la Deuxième Guerre mondiale, ce nombre avait doublé. En 1970, il y avait plus de 130 pays.

Aujourd'hui, 190 pays sont reconnus comme des états souverains.

Et en musique... Autrefois, on connaissait deux genres : la « grande » musique et les « variétés ». Pour vous tenir au fait des nouveautés dans ce dernier domaine, il vous suffisait d'écouter le « Hit Parade » qui vous présentait les dix plus grands succès de la semaine. Aujourd'hui, vous avez le droit au « Top 50 », et encore, la formule est concurrencée par bien d'autres classements.

Le *Billboard,* cette bible de la musique aux États-Unis, propose onze listes distinctes. Parmi lesquelles, classique, jazz contemporain, country music, rock, pop, rap, rythm'n blues, latino, etc. — chaque catégorie disposant de ses propres leaders, parmi lesquels se côtoient des génies aussi divers que Itzhak Perlman, Luciano Pavarotti, Michael Jackson, Public Ennemi et Bruce Springsteen.

C'est dire que chaque créneau est une entité indépendante, avec sa propre raison d'exister et son propre leader, qui est rarement le même que celui de la catégorie initiale. IBM est le numéro un des gros systèmes, DEC celui des minis, Sun celui des stations de travail, et ainsi de suite.

Au lieu de tenir compte de ce principe de division, nombre de dirigeants s'accrochent à la foi candide qu'ils ont en un mouvement de fusion inter-catégories. On ne peut mettre le pied dans un comité de direction sans entendre parler de « synergie » et d'« alliances ». Selon le *New York Times,* IBM s'apprête à « mettre à profit la future confluence de secteurs industriels entiers dont la télévision, la musique, l'édition et l'informatique. Dans la fusion future des réseaux du câble et du téléphone avec les fabricants d'informatique et de matériel TV, l'atout maître d'IBM, poursuit le *Times*, réside dans la somme d'acquis techniques que la firme a accumulée en développant des réseaux informatiques ultra-rapides. » (Voir chapitre 20, la loi de la fièvre médiatique.)

On peut toujours rêver... mais les catégories ne fusionnent pas, elles se divisent.

Pensez encore à cette nouvelle entité que l'on désigne sous le terme de « services financiers ». Selon les journalistes, dans les prochaines années, il n'y aura plus de banques, de compagnie d'assurances, de courtage ou de prêts immobiliers. Il n'existera plus que des firmes de « services financiers ». Mais pour l'instant, on ne voit rien de tel poindre à l'horizon.

Prudential, American Express et bien d'autres ont mis le pied dans le piège des services financiers, mais les clients ne veulent pas de cette fusion. Ils veulent acheter des actions, contracter une assurance-vie ou ouvrir un compte en banque et ils préfèrent avoir affaire à des firmes différentes pour chaque service.

Pour le leader, le meilleur moyen de garder son avance est de s'attaquer à chaque nouvelle catégorie sous un nom de marque différent, comme l'avait fait General Motors avec Chevrolet, Pontiac, Oldsmobile, Buick et Cadillac (et, plus récemment, avec Geo et Saturn).

Les grands noms de l'industrie se trompent lourdement lorsqu'ils essaient d'utiliser dans un nouveau créneau une marque réputée dans une autre catégorie.

Témoin le triste sort de Volkswagen. La firme allemande avait lancé aux États-Unis la catégorie « petites voitures ». La Coccinelle était un immense succès. Elle avait raflé 67 % du marché automobile d'importation américain.

Devant ce triomphe, Volkswagen voulut se faire aussi grosse que General Motors. Elle prétendit vendre aux Américains des voitures plus vastes, plus rapides, plus sportives. Elle achemina donc aux États-Unis tous les modèles qu'elle produisait en Allemagne, mais à la différence de General Motors, en les commercialisant tous sous le même nom, Volkswagen.

« Different Volks for different folks » (« À chacun sa Volkswagen ») proclamaient ses affiches, où l'on voyait cinq modèles : la Coccinelle, la 412 Sedan, la Dasher, la Thing, et même un modèle break. Inutile de préciser que la Coccinelle fut la seule des cinq à bien se vendre. Mais Volkswagen y mit bon ordre. Ils retirèrent la Coccinelle du marché américain, pour commercialiser à sa place une famille de Volkswagen haut-de-gamme, grosses, rapides et chères : la Vanagon, la Sirocco, la Jetta, la Golf GL et le Cabriolet. L'entreprise alla même jusqu'à implanter en Pennsylvanie une unité de production qui fabriquait ces admirables nouveaux modèles. Hélas pour Volkswagen, l'expansion de la catégorie « petites voitures » se poursuivit sans elle et tous les clients qui ne pouvaient plus s'acheter l'increvable et économique Coccinelle se tournèrent vers Toyota, Honda et Nissan.

Aujourd'hui, la part de marché de Volkswagen en Amérique a fondu. Elle est passée de 67 % à moins de 4 %.

Volkswagen n'est pas une obscure petite marque. C'est le premier constructeur automobile européen. Les modèles Volkswagen vendus aux États-Unis sont les mêmes qu'en Europe, mais le point de vue de ses clients y est différent. Aux États-Unis, qui dit Volkswagen dit « petite et moche », et là-bas, il ne viendrait à l'idée de personne de s'acheter une Volkswagen grande et belle (voir chapitre 4, la loi de la perception).

Honda, l'un des concurrents de Volkswagen, décida de partir à la conquête du haut-de-gamme. Au lieu de garder la marque Honda, il en créa une nouvelle pour l'occasion, et ce furent les débuts d'Acura. Honda a même tenu à créer un réseau de distribution séparé pour éviter toute confusion avec la maison-mère.

Acura devint la première marque japonaise de voitures de luxe aux États-Unis. Honda y vend actuellement bien plus d'Acura que Volkswagen n'y vend de voitures. Honda est leader dans deux catégories automobiles.

Pourquoi les leaders hésitent-ils à lancer une nouvelle marque pour exploiter le filon d'une nouvelle catégorie ?

Parce qu'ils craignent pour leurs marques existantes. General Motors a réagi trop lentement à la création par Mercedes-Benz et BMW de la catégorie super-classe, en partie parce que l'avènement d'une nouvelle marque, plus luxueuse que Cadillac, aurait soulevé des protestations dans les rangs des distributeurs de cette dernière.

Finalement, General Motors tenta de redorer le blason Cadillac avec l'Allante, vendue 54 000 dollars. Un flop ! Pourquoi dépenser tant d'argent pour une grosse Américaine clinquante dont vos voisins ne croiront jamais que vous ayez pu la payer plus de 30 000 dollars ? Quel prestige en retirerez-vous ?

De la part de General Motors, il aurait été plus malin de riposter à Mercedes sous une nouvelle marque (ils auraient pu, par exemple, remettre d'actualité un classique comme la LaSalle.)

Là encore, ne sous-estimons pas l'importance du « timing ». On peut arriver trop tôt dans une nouvelle catégorie. Dans les années cinquante, American Motors lança la Nash Rambler, la première « petite », en Amérique. Mais le constructeur n'eut pas la patience, ou peut-être pas les fonds nécessaires, pour attendre la pleine floraison de la catégorie.

Mieux vaut toutefois arriver trop tôt que trop tard. Vous ne pouvez espérer vous imposer le premier dans l'esprit de vos clients potentiels si vous n'avez pas la persévérance d'attendre que votre créneau prenne son essor.

11

La loi de la durée

Les phénomènes de marketing doivent se juger dans la durée.

À votre avis, l'alcool est-il un stimulant ? À en juger par l'ambiance survoltée qui règne dans certains bars, le vendredi soir, on en jurerait. Mais si l'on observe les clients de ces mêmes établissement quelques heures plus tard — vers quatre ou cinq heures du matin, disons — on aboutit à la conclusion inverse.

L'alcool agit sur l'organisme comme un puissant sédatif, mais dans un premier temps, il vous libère de vos inhibitions et produit un effet d'excitation.

Certaines stratégies de marketing se comportent comme l'alcool. À terme, leurs effets stimulants s'inversent.

Le système des soldes induit-il une véritable croissance ? À court terme, on pourrait le penser, puisque les périodes de soldes provoquent une brusque augmentation du chiffre d'affaires. Mais quand on observe les choses avec plus de recul, on s'aperçoit qu'elles habituent les clients à ne pas acheter au prix « normal », et finissent par avoir des effets négatifs sur le chiffre d'affaires.

Comment les clients interprétent-ils les soldes ? Ils y voient la preuve que vos prix normaux sont trop élevés et évitent de faire leurs courses chez vous en dehors des périodes de soldes, si votre magasin a une réputation de « soldeur ».

Certains détaillants sont ainsi contraints d'instaurer un système de braderie quasi permanente pour empêcher leur chiffre d'affaires de piquer du nez. Dans les quartiers commerçants, il n'est pas rare de croiser d'affilée une dizaine de boutiques dont la vitrine annonce des « SOLDES ! ».

Les ventes promotionnelles d'automobiles induisent-elles une vraie croissance de ce secteur ? La vogue de ces remises coïncide avec une baisse des achats. Aux États-Unis, les ventes de véhicules automobiles (au sens large) sont en chute libre depuis cinq ans.

Seamans, le plus gros détaillant de meubles de la région de New York, proposait à ses clients des soldes hebdomadaires. Il a fait faillite.

Rien ne permet d'affirmer qu'à long terme les remises stimulent les ventes. Beaucoup d'entreprises doivent s'administrer chaque trimestre une « petite dose » de rabais et de ristournes en tous genres, pour maintenir leur volume de vente. Dès qu'elles cessent de brader, la courbe de leurs ventes s'effondre.

Autrement dit, elles maintiennent ces systèmes non plus pour augmenter leur chiffre d'affaires, mais pour l'empêcher de chuter davantage. Les remises sont des drogues qu'on persiste à s'administrer uniquement parce que les symptômes du sevrage seraient trop douloureux.

Les soldes, ristournes et discount en tous genres incitent les clients à acheter uniquement lorsqu'ils « font une affaire ». Qu'advient-il des entreprises qui refusent de mettre le doigt dans l'engrenage ? Dans le commerce de détail, les grands vainqueurs sont ceux qui pratiquent une politique de prix bas toute l'année : les chaînes telles que Wal-Mart ou K Mart, ou les systèmes de « vente direct-usine », qui ont actuellement le vent en poupe.

Pourtant, la tendance générale des prix ressemble à s'y méprendre à un yo-yo déboussolé. Pensez aux compagnies aériennes, ou aux supermarchés ! Procter & Gamble vient cependant de prendre une décision audacieuse. La firme est revenue à une politique de prix constants. Cette initiative pourrait être à l'origine d'une nouvelle tendance.

La vie quotidienne fourmille d'exemples de cette opposition gains à court terme/pertes à long terme. Si vous commettez un hold-up qui vous rapporte 500 000 francs et que vous écopez de dix ans de prison, vous pouvez considérer soit que vous avez gagné cette somme en un seul jour de travail, soit que vous allez gagner 50 000 francs par an pendant dix ans. Tout dépend de votre point de vue...

À court terme, l'inflation peut donner un coup de fouet à une économie, mais à longue échéance, elle conduit à la récession. (Et au Brésil, certains ne vont pas tarder à s'en apercevoir...)

Sur le moment, abuser des plaisirs de la table procure une satisfaction, mais à la longue, vous risquez de graves problèmes de ligne et de santé.

On ne compte pas les domaines (les dépenses, les drogues, le sexe...) dans lesquels vos actes provoquent à long terme des effets opposés à leurs effets immédiats.

Les effets d'une stratégie de marché ne peuvent se juger que dans la durée. Pourquoi est-il donc si difficile de se faire à cette idée ?

La diversification des produits, par exemple. À brève échéance, invariablement, cela dope les ventes, comme l'illustre l'industrie de la bière : au début des années soixante-dix, la Miller High Life avait le vent en poupe. Son volume de vente croissait chaque année de 27 %. Ce succès était en partie dû à une campagne ciblée sur les couches populaires. Les spots exhortaient les travailleurs à s'offrir une bière Miller bien gagnée à la fin de leur rude journée de labeur. Mais Miller voulut en faire plus. En 1974, ils lancèrent Miller Light — un concept remarquable (voir chapitre 2, la loi de la catégorie), mais malheureusement enfoui sous un nom de produit dérivé.

À court terme, les deux produits pouvaient coexister : la High Life, la bière du peuple, et la Light, celle des jeunes cadres dynamiques. Mais à plus longue échéance, cette extension de la gamme Miller devait fatalement nuire à l'une ou l'autre.

1979 vit l'apogée de Miller High Life, cinq ans après le lancement de la Miller Light, cinq années pendant lesquelles le volume de vente de High Life avait quasiment triplé (passant de 8,3 à 23,6 millions de barils). Et voilà pour les effets immédiats de la diversification.

Mais avec le recul, les choses se sont gâtées. Des 23,6 millions de barils vendus en 1979, Miller High Life est passée à 5,8 millions de barils en 1991, après treize années d'un déclin ininterrompu, que rien ne semble pouvoir enrayer.

Et Miller Light ? Elle non plus n'a pas été épargnée par les effets destructeurs de la diversification. En 1986, l'entreprise lança Miller Genuine Draft. Le produit fut bien reçu, car il était le premier d'une nouvelle catégorie. Hélas, lui aussi portait le label « Miller » (voir la loi de l'extension, au chapitre suivant). L'histoire tend à se répéter. Cinq ans plus tard, la courbe des ventes de Miller Light atteignit son apogée puis se mit à piquer du nez. Une fois une telle dégringolade amorcée, il est pratiquement impossible d'inverser la tendance.

Si vous ne savez pas exactement où concentrer votre attention, les effets de l'extension de gamme restent très difficiles à discerner, surtout pour les managers qui gardent l'œil fixé sur leur prochain bilan trimestriel. (S'il fallait cinq ans pour qu'une balle atteigne sa cible, il deviendrait quasi impossible de démasquer les meurtriers...)

Il est arrivé à Michelob la même mésaventure qu'à Miller. Trois ans après le lancement de Michelob Light, la Michelob « normale » atteignit son volume de vente maximum puis entama une période de déclin continu. À présent, les trois sortes de Michelob réunies (normale, light, et brune-dry) totalisent un volume de vente inférieur de 25 % à celui que réalisait la Michelob Classic à elle seule en 1978, année du lancement de Michelob Light.

Coors a subi le même revers. Le lancement de Coors Light a provoqué l'effondrement de la Coors classique, qui ne réalise aujourd'hui que 25 % de son volume de vente d'antan.

Et même la grande Budweiser tremble sur ses bases. Alors que ses ventes suivaient une courbe ascendante depuis la fin de la prohibition (1933), elles sont en chute libre depuis trois ans. Explication ? La Bud Light.

Vous vous dites peut-être que c'est l'engouement du marché pour la bière light qui a contraint Miller, Coors et Anheuser-Busch à étendre leur gamme. Effectivement, si l'on s'en tient à ce qu'en disent les journaux, on peut imaginer que tout le monde est désormais converti à la bière light. Erreur. Aujourd'hui, dix-huit ans après le lancement de Miller Light, la bière allégée ne représente que 31 % du marché.

Dans certains secteurs du marketing, on observe plus rapidement les effets immédiats ou retardés de l'extension de gamme. En 1985, Murjani lança la ligne de vêtements Coca-Cola. Deux ans plus tard, cette gamme périclita, pratiquement du jour au lendemain, laissant Murjani avec des millions de dollars de stock sur les bras.

La même chose est arrivée à Donald Trump. Le Grand Donald volait de succès en succès, jusqu'à ce qu'il s'avise d'apposer sa marque sur à peu près tout et n'importe quoi. Qu'est-ce que c'est, un ou une « Trump » ? Un hôtel, trois casinos, deux immeubles, une compagnie aérienne, un centre commercial... Le magazine *Fortune* a couvert Trump de lauriers : « Cet investisseur qui n'a pas son pareil pour repérer le cash-flow et les valeurs ascendantes, ce génie du marketing, ce négociateur implacable... » Il fit la couverture de *Time* et de *Newsweek*.

Aujourd'hui, les dettes de Trump s'élèvent à 1,4 milliard de dollars. À longue échéance, ce qui avait fait son succès à court terme a provoqué sa ruine. La diversification. L'extension de gamme.

Tout cela a l'air si simple... mais le marketing n'est pas un jeu d'amateur.

12

La loi de l'extension

Les marques doivent résister à l'incoercible tentation d'étendre leur territoire.

Si les contrevenants à nos lois étaient passibles de prison, une bonne proportion du management américain serait sous les verrous, à l'heure qu'il est.

Or, de tous les principes énoncés dans ce livre, celui de l'extension de gamme est le plus fréquemment transgressé. La diversification semble s'opérer de manière rampante, sournoise, presque sans efforts conscients de la part de l'entreprise. Un peu comme ces tiroirs diaboliques qui se remplissent pratiquement à votre insu.

Tel jour, telle firme concentre toute son énergie sur tel produit hautement rentable. Le lendemain, elle s'éparpille, multiplie les produits et perd de l'argent.

Pensez à IBM. À l'époque où la firme se consacrait aux gros systèmes, elle s'enrichissait à vue d'œil. Aujourd'hui, elle veut toucher à tout, et joint tout juste les deux bouts. En 1991, par exemple, ses rentrées ont totalisé 6,5 milliards de dollars. Cela ne l'a pourtant pas empêchée de perdre 2,8 milliards de dollars pendant la même année, soit 8 millions par jour.

Outre ses gros systèmes, IBM vend des minis, des micros, des stations de travail, des portables, des ordinateurs à saisie graphique, des logiciels, des réseaux, des téléphones, et nous en oublions sûrement ! Ils ont même essayé de percer sur le marché de l'ordinateur domestique avec le « PC Junior ».

En cours de route, IBM a englouti des millions pour les photocopieuses (secteur vendu à Kodak), pour le rachat de Rolm (revendu à Siemens), pour le Satellite Business System (projet abandonné), pour le réseau Prodigy (système de transmission de données actuellement en difficulté), pour le SAA, le TopView, l'OfficeVision et l'OS/2.

Dès qu'une entreprise a croqué la pomme du succès, elle s'empresse de répandre autour d'elle les graines de ses futurs échecs. Prenez Microsoft, le roi du logiciel. La firme a accumulé des stocks d'une valeur supérieure à ceux de General Motors, dont la taille est pourtant cinquante fois supérieure à la sienne... Quelle est la philosophie Microsoft ? Simple comme bonjour : « Plus, encore plus, toujours plus... ! »

« Selon ses dirigeants, l'entreprise se fixe comme objectif d'obtenir coûte que coûte la plus grosse part de marché dans chacun des principaux champs d'application des logiciels pour PC », pouvait-on lire récemment dans le *Wall Street Journal*. « Michael Maples, vice-président de la division des applications, prévoit que Microsoft pourrait se tailler une part de 70 % dans chacune des principales catégories de logiciel. »

Cette voracité vous rappelle peut-être celle d'un autre « glouton »... À nous aussi. Microsoft se pose comme le prochain IBM (avec toutes les implications négatives que cela suppose).

La firme arrive en tête pour les systèmes d'exploitation pour PC, mais elle stagne derrière les leaders dans les autres catégories : derrière Lotus pour les tableurs, derrière WordPerfect pour le traitement de texte, derrière Havard Graphics de SPC Software Publishing pour l'infographie institutionnelle.

Mais telle la grenouille de la fable, Microsoft ne cesse de s'enfler. Elle vise de nouvelles catégories. Les traceurs, par exemple. Elle vient de racheter Fox Software pour 170 millions de dollars, afin d'avoir un pied dans les logiciels de gestion des données. Il y a fort à parier que le label Microsoft va incessamment remplacer la marque Fox.

La stratégie de Microsoft présente de graves signes de faiblesse. Au début de 1992, voici ce qu'en disait *The Economist* : « Bill Gates nous concocte une gamme de produits issus d'une même souche technologique, capables de s'imposer dans pratiquement toutes les catégories du secteur : des gros ordinateurs aux PC, du système d'exploitation qui gére la production automatisée, aux logiciels de synthèse d'images qui génèrent les diapositives pour le comité de direction. Dans le secteur du software, personne à ce jour n'a réussi à mener de front tant de projets aussi complexes. Seul IBM, à son grand dam, s'y est risqué... »

On ne peut pas tout faire pour tout le monde. C'est la voie la plus sûre vers le déclin. « Plutôt briller sur un point, disait un manager, que d'être médiocre partout. »

Comment définir plus précisément le principe d'extension de gamme ? Il s'agit de prendre le nom d'un produit qui se vend bien (la sauce pour steaks A-1, par exemple) pour l'apposer sur un nouveau produit qu'on souhaite lancer (la sauce pour volaille A-1, disons).

La filiation semble aller de soi. « Nous sommes propriétaires de la fameuse A-1, cette super-sauce qui détient la plus grande part de marché de sa catégorie. Mais les gens mangent de moins en moins de viande rouge, et de plus en plus de poulet. Lançons donc une sauce pour volaille. Et pourrions-nous lui donner un meilleur nom que A-1 ? Il indiquera immédiatement au consommateur que cette nouvelle sauce fait partie de l'écurie A-1, le fabricant de la célèbre sauce pour steaks ! »

Mais le marketing se joue sur le terrain des perceptions, non sur celui des produits. Dans l'esprit du consommateur, A-1 n'est pas une marque. C'est la sauce elle-même, la sauce pour steaks. « Tu veux bien me passer l'A-1 ? » demande-t-on à table, et personne ne réplique : « Oui — laquelle ? »

En dépit d'un énorme budget publicitaire (18 millions de dollars) la sauce pour volaille A-1 fut un flop retentissant.

Il existe autant de manières d'étendre une gamme qu'il y a de galaxies dans l'univers — et on en découvre chaque jour de nouvelles ! À long terme et en présence d'une concurrence solide, elles se traduisent toutes quasi inéluctablement par des échecs.

L'une des stratégies les plus répandues est la création de nouveaux parfums, dans l'espoir d'augmenter la part de marché d'un produit. Plus on propose de parfums, plus on attire de clients. L'argument semble imparable, mais il est faux.

Remontons jusqu'en 1978, à l'époque où 7-Up n'était qu'une simple limonade sans goût de cola. Elle détenait alors 5,7 % du marché des boissons sans alcool. Puis la firme lança le 7-Up gold, le 7-Up à la cerise et diverses variantes « light ». Aujourd'hui, la part de marché totale de 7-Up n'est plus que de 2,5 %.

Partout, partout, ce n'est qu'extension à perte de vue. Les rayons des supermarchés croulent sous la pléthore des marques. Il existe aux États-Unis 1 300 marques de shampooings, 200 marques de céréales, 250 boissons sans alcool.

Invariablement, dans chaque catégorie, la marque leader est celle qui a su résister à ses démangeaisons d'extension. Dans l'alimentation pour bébé, par exemple, Gerber (firme étroitement « ciblée ») détient 72 % du marché, très loin devant ses concurrents (diversifiés) Beech-Nut et Heinz.

En dépit des preuves accablantes qui s'accumulent contre l'extension de gamme, les entreprises persistent à laisser proliférer leurs produits. Voici quelques exemples choisis :

Savon Ivory — shampooing Ivory ?
Bonbons Life Savers — chewing-gum Life Savers ?
Briquets Bic — collants Bic ?
Gin Tanqueray — vodka Tanqueray ?
Chanel — Chanel hommes ?
Bière Coors — eau minérale Coors ?
Ketchup Heinz — aliments pour bébés Heinz ?
Magazine *USA Today* — émission télévisée *USA Today* ?
Chaussures Adidas — eau de toilette Adidas ?
Vêtements Pierre Cardin — vins Pierre Cardin ?
Jeans Levi's — chaussures Levi's ?

Ed Fogarty, président de Colgate-Palmolive : « Nous voulons faire fructifier l'acquis de nos marques bien établies, tout en étendant notre production dans de nouvelles catégories. »

David Johnson, PDG de Campbell Soup Company : « Nous ne voulons pas créer de nouvelles marques. Nous préférons diversifier notre production en tirant parti de nos marques existantes, synonymes de qualité pour les consommateurs. »

Ewan McDonald, président de Del Monte : « Nous sommes de fervents partisans du principe de la marque unique. Nous envisageons d'étendre la gamme Del Monte dans de nouvelles directions. »

Daniel Abraham, président d'Ultra Slim-Fast : « Nous envisageons de commercialiser des soupes, des pâtes, des sauces pour salade, des sodas, des jus de fruits et un nouveau Slim-Fast, plus consistant, qui sera baptisé Slim-Fast Plus. »

Bonne chance et bon vent, Monsieur Abraham !

D'où vient cette foi indéfectible qu'ont les hauts responsables en l'extension de gamme ? De ce que les effets de la diversification peuvent être dans un premier temps positifs (même s'ils s'inversent à long terme, comme nous l'avons vu au chapitre précédent). Les managers peuvent aussi se laisser aveugler par leur profonde dévotion à leur entreprise ou à ses marques. Comment expliquer, sinon, que les responsables de PepsiCo se soient entêtés à lancer Crystal Pepsi en dépit de l'échec de Pepsi Light et de Pepsi AM ?

Plus égale moins. Plus les firmes lancent de produits, plus elles visent de marchés différents, plus elles concluent d'alliances, et moins elles gagnent d'argent. Leur mot d'ordre semble être « en avant toute, dans toutes les directions ! » Mais quand comprendront-elles que cette diversification à outrance mène lentement et sûrement à l'oubli ?

Moins égale plus. Aujourd'hui, si vous voulez prospérer, il est indispensable de concentrer vos énergies pour vous construire un fief dans l'esprit des clients.

Quel est le fief IBM ? Il fut un temps où IBM régnait sur les gros systèmes. Maintenant, la firme prétend « assurer » partout, ce qui revient à n'assurer nulle part.

Pourquoi les grands magasins Sears Roebuck sont-il en difficulté ? Parce qu'ils ont essayé d'offrir tout à tout le monde. La chaîne excellait dans les biens de consommation non-périssables, puis elle s'est attaquée aux denrées alimentaires et enfin à la mode. Elle a même tenu à s'offrir les services du top-model Cheryl Tiegs. (Vous croyez, vous, que les mannequins vont vraiment s'habiller chez Sears ?)

Traditionnellement, la stratégie des entreprises est de développer une perspective exhaustive. C'est-à-dire de trouver un concept ou une idée suffisamment large pour englober tous les produits et les services proposés par l'entreprise, et tous ceux qu'elle prévoit de créer.

Il s'agit donc de déployer un filet assez vaste pour contenir tout ce que l'on veut vendre.

IBM a ainsi jeté un énorme filet sur le secteur informatique. Aucun des produits relevant de son secteur ne devait échapper à ce grand filet — et c'est exactement la recette de l'échec assuré. Plus le secteur informatique verra arriver de nouvelles firmes, de nouveaux produits et de nouveaux concepts, plus la position d'IBM s'affaiblira. Personne ne peut ceinturer un marché aussi évolutif que celui des ordinateurs. Pas même un géant de la taille d'IBM. Stratégiquement, mieux vaut se montrer plus sélectif, moins gourmand dans le choix du terrain que l'on veut couvrir de son filet.

General Motors applique un peu la même démarche qu'IBM. Il fabrique n'importe quoi, pourvu que ça ait des roues et un moteur : voitures de sport ou de tourisme, modèles économiques, modèles de luxe, minibus, camions, et jusqu'aux voitures électriques. « On fabrique tout ce qui roule sur une route, et même en dehors ! » Ce pourrait être leur devise.

Nombre de firmes envisagent cette prolifération des produits comme une échappatoire. Le lancement d'une nouvelle marque exige non seulement de l'argent, mais aussi un concept, une idée. Pour réussir, une nouvelle marque doit être la première d'une nouvelle catégorie (voir chapitre 1, la loi du premier occupant). Elle peut aussi se poser en challenger du premier (chapitre 9, la loi de l'opposition).

Les firmes qui attendent pour agir qu'un nouveau marché s'ouvre devant elles trouvent souvent les deux première places déjà occupées. Elles optent donc pour la bonne vieille stratégie de la diversification.

L'antidote à cette prolifération des produits est l'audace stratégique, une matière première qui se fait rare, de nos jours.

13

La loi du sacrifice

Pour gagner, il faut savoir se fixer des limites.

Le principe de sacrifice est l'inverse du principe d'extension. Aujourd'hui, pour s'enrichir, il faut savoir renoncer à certaines choses. À quoi ?

Il faut résister à ces trois tentations : la multiplication des produits, l'extension de la cible et le renouvellement stratégique continu.

Commençons par les produits. Qui a dit que plus on en proposait et plus on en vendait ?

Une gamme exhaustive est un luxe ruineux qui vous mène droit à la faillite. La fortune sourit à ceux qui ont le courage de réduire leur gamme et non de l'étendre. Pensez à Emery Air Freight, cette compagnie spécialisée dans le fret aérien. Vous pouviez lui confier à peu près n'importe quoi : les petits paquets, les gros colis, en express, en petite vitesse, ou en « 24 heures chrono ».

Qu'a fait son concurrent Federal Express ? Il s'est spécialisé dans un type de service : les petits colis délivrés du jour au lendemain. Aujourd'hui, Federal Express a largement distancé Emery.

Le grand bénéfice qu'a retiré Federal Express de ce sacrifice fut de graver dans l'esprit de ses clients potentiels le terme *overnight* (du jour au lendemain). Si votre colis devait impérativement arriver à destination pour le lendemain, pas de problème : il vous suffisait d'appeler Federal Express.

Hélas, qu'advint-il par la suite ? Federal Express suivit Emery dans la voie de la diversification. La firme délaissa son fief de l'*overnight* pour racheter Flying Tiger, le secteur fret de Tiger International, moyennant 880 millions de dollars. Aujourd'hui, Federal Express est une compagnie de fret aérien internationale sans véritable envergure internationale. Et son secteur international à englouti 1,1 milliard de dollars en seulement vingt et un mois.

La bataille du marketing se livre sur le terrain des images mentales et des perceptions, et non sur celui des produits ou des services eux-mêmes. Dans l'esprit de ses clients, Federal Express est la firme qui livre « du jour au lendemain ». Elle est propriétaire du terme *overnight* et du créneau qu'il délimite. Lorsque le marché s'est ouvert sur le reste du monde, elle s'est retrouvée confrontée à un dilemme classique : essayer d'imposer un label national sur le marché international, ou lancer une marque radicalement nouvelle ? Et dans les deux cas, quelle position adopter face à DHL, le premier occupant du créneau ?

Federal Express a commis la lourde erreur de renoncer à son bastion *overnight*, mais la firme a encore aggravé son cas en ne trouvant aucune nouvelle idée pour remplacer l'ancienne.

Eveready était depuis des lustres le leader de la pile. Mais les progrès de la technique ne tardèrent pas à bouleverser ce marché, comme tant d'autres. La première révolution fut celle des piles « longue-durée ». Comment baptiseriez-vous votre nouvelle pile longue-durée, si vous étiez le numéro un de la pile ? « Eveready longue-durée », sans doute. Et c'est ce que fit Eveready.

Puis ce fut l'arrivée des piles alcalines. Et Eveready de baptiser sa nouvelle pile « Eveready alkaline ». Ça coulait de source, non... ?

C'est alors que P.R. Mallory lança une gamme uniquement constituée de piles alcalines, et il fit mieux : il donna à sa marque un nom excellent — Duracell.

Quel bénéfice a donc tiré Duracell de ce sacrifice ? En se limitant aux piles alcalines, la firme put imposer son image de « pile increvable ». Chacun sait que le petit lapin Duracell résiste deux fois plus longtemps que ses concurrents...

Ensuite, Eveready s'empressa de rebaptiser sa pile alcaline sous le nom d'« Energizer ». Mais c'était trop tard. Duracell s'était imposé en maître du secteur.

Dans le paysage économique, on voit coexister les gros généralistes hautement diversifiés, et les petits spécialistes étroitement concentrés sur un créneau bien défini. Si la multiplication et la diversification des produits étaient des stratégies de marketing efficaces, on assisterait au triomphe des généralistes. Mais ce n'est pas le cas. Ils sont pour la plupart en difficulté.

La position des généralistes s'effrite. Kraft, par exemple, que tout un chacun considère comme une valeur sûre de l'industrie alimentaire. Kraft détient 9 % du marché des confitures, mais Smucker's en détient 35 %. Dans l'esprit des consommateurs, Kraft c'est tout ce qui se mange. Mais quand un Américain pense « Smucker's », il voit automatiquement de la confiture, car Smucker's ne fait rien d'autre. Kraft détient 18 % du marché de la mayonnaise, mais Hellman's, le spécialiste, en a 42 %.

En fait, Kraft possède tout de même une marque leader, en termes de part de marché, mais ce n'est pas Kraft. C'est Philadelphia, le spécialiste de la crème de gruyère, qui détient 70 % du marché de ce produit.

Et dans le commerce de détail, quel type d'entreprise est en difficulté, ces temps-ci ? Les grands magasins, ceux qui vendent un peu de tout. La recette même de l'échec.

Campeau, L. J. Hooker et Gimbels se sont retrouvés devant les tribunaux pour faillite frauduleuse. Les grands magasins Ames ont déposé leur bilan. De même que la chaîne Hills. De même que Macy's, les plus grands magasins du monde...

La chaîne Interstate Department Stores frisait la faillite. Ils ont donc consulté leurs livres de comptes et décidé de concentrer leurs efforts sur leur seul produit rentable : les jouets. Pour souligner ce changement de cap, la firme se donna un nouveau nom. Toys « R » Us était née.

À présent, Toys « R » Us réalise 20 % du chiffre d'affaires total du secteur pour les États-Unis, et ce, avec une excellente rentabilité, puisque durant sa dernière année d'exercice, l'entreprise a enregistré 326 millions de dollars de bénéfices sur son chiffre d'affaires de 5,5 milliards de dollars.

On ne compte plus les chaînes de détail qui se réorganisent selon la formule de Toys « R » Us : une haute spécialisation sur un certain secteur, avec un choix considérable dans les produits proposés. Parmi les exemples récents, citons Staples (fournitures de bureau) et Blockbuster Video.

Dans le commerce de détail, les grands triomphateurs sont des spécialistes :

- The Limited — vêtements haut-de-gamme, pour les femmes travaillant à l'extérieur.
- The Gap — vêtements décontractés pour les jeunes-jeunes et les jeunes d'esprit.
- Benetton — vêtements de laine et de coton d'un classissisme détendu.
- Victoria's Secret — lingerie sexy.

- Foot Locker — chaussures de sport.
- Banana Republic — vêtements de style safari.

Quand une chaîne de magasins du nom de « Banana Republic » remporte un tel succès, on peut affirmer sans beaucoup s'avancer que nous sommes entrés dans l'ère de la spécialisation !

Attaquons-nous maintenant au deuxième élément à sacrifier : la cible. Qui a dit que l'on était tenu de plaire à tout le monde ?

Témoins, les boissons gazeuses du type « coca ». Coca-Cola s'imposa le premier dans l'esprit des clients et y conquit une position solide. À la fin des années cinquante, par exemple, le rapport des ventes de Coca-Cola et de Pepsi étaient de un à cinq. Que fit Pepsi pour saper la position de force de son puissant concurrent ?

Au début des années soixante, Pepsi opta pour une stratégie résolument « ciblée ». La firme se consacra au marché des teenagers, lui sacrifiant tout le reste. Elle fit la conquête de son jeune public en s'associant ses idoles : Lionel Richie, Don Johnson, Michael Jackson... Et en une génération, Pepsi a rattrapé son retard. Aujourd'hui, Coca-Cola n'a plus sur elle que 10 % d'avance. Pour ce qui est des ventes en supermarchés, Pepsi l'a même distancée.

Mais elle n'a pas su se contenter de ce triomphe. La tentation d'étendre son filet fut la plus forte et Pepsi y a récemment succombé. Selon le magazine *Advertising Age,* « Pepsi-Cola Co. vise au-delà de la "Pepsi Generation". La firme amorce un virage décisif de sa stratégie marketing et présente le Pepsi dans sa version la plus classique comme la boisson sans alcool destinée à tous. »

« Gotta have it ! » (Il vous le faut !) — c'est leur nouveau thème publicitaire. Dans leurs spots les plus récents, des personnalités d'âge mûr viennent nous vanter les mérites du Pepsi.

« Jusqu'ici, le seul défaut de la démarche publicitaire de Pepsi était de mettre un peu trop l'accent sur la jeunesse, explique Phil Dusenberry, de BBDO, l'agence attitrée de Pepsi. En élargissant notre point de vue, nous pourrions toucher davantage de consommateurs et augmenter d'autant notre impact. »

Selon le magazine *Fortune*, Coca-Cola est la marque la plus puissante du monde. Pourquoi un challenger tel que Pepsi, qui a réussi à venir se placer à deux doigts du géant grâce à une stratégie bien ciblée, terriblement efficace, décide-t-il d'abandonner cette stratégie ?

Pourquoi ? L'idée que le filet le plus large « drague » le plus grand nombre de clients semble reposer sur une foi quasi religieuse, qui résiste à toutes les preuves du contraire.

Prenez l'exemple de Budweiser. « Lorsque nous avons mis au point notre programme, nous nous sommes fixé comme cible tous les consommateurs de plus de vingt et un ans, quels que soient leur sexe ou la couleur de leur peau », dit August Busch IV.

Pensez aux publicités pour cigarettes, surtout à celles qui remontent à quelques décennies. Elles présentent invariablement un homme et une femme. Pourquoi ? À l'époque où la plupart des fumeurs étaient des hommes, les fabricants de cigarettes se demandaient comment étendre leur marché. « Nous nous sommes rallié les hommes, se disaient-ils. Partons à la conquête des femmes ! »

Que fit Philip Morris ? Ils se limitèrent aux messieurs, et mieux : ils rétrécirent davantage leur cible en ne présentant qu'un certain type d'homme, l'essence même de la virilité — le cow-boy. Le produit fut baptisé Marlboro. Aujourd'hui, c'est la cigarette la plus vendue au monde. Aux États-Unis, c'est la première marque, pour les hommes comme pour les femmes.

Ne confondons surtout pas cible et marché. La « cible » de votre campagne de pub, ce ne sont pas les consommateurs qui achèteront effectivement votre produit. Même si Pepsi se fixe pour cible les teen-agers, son marché ne se limite pas pour autant aux moins de vingt ans. Tout quinquagénaire se plaisant à imaginer qu'il a toujours vingt-neuf ans s'achète du Pepsi.

La cible de Marlboro, c'est le cow-boy. Mais, à votre avis, combien de cow-boys reste-t-il en Amérique ? Très peu ! (Peut-être parce qu'ils ont justement abusé des Marlboro !)

Enfin, le troisième sacrifice à consentir : le renouvellement constant.

Qui a dit que vous deviez changer de stratégie tous les ans, à l'époque des bilans ?

Si vous essayez de suivre pas à pas les méandres du marché, vous finirez fatalement dans le décor. Le meilleur moyen de garder une position ferme, c'est de définir son cap, et de s'y tenir.

People Express s'était trouvé une stratégie parfaitement ciblée et hautement efficace. Ils s'imposèrent comme la compagnie aérienne qui vous faisait voyager sans fariboles inutiles, sur des itinéraires peu fréquentés, à un prix défiant toute concurrence. Certains voyageurs sautaient dans le premier appareil People Express annoncé au départ et demandaient « Où allons-nous, aujourd'hui ? » Au prix où étaient les billets... !

Mais que fit People Express ? Grisée par sa victoire, la firme se mit en tête d'offrir tout à tout le monde. Elle investit dans de nouveaux appareils plus lourds, tels que les 747. Elle s'attaqua à des destinations plus courues, comme Denver ou Chicago, sans parler de l'Europe... Elle racheta Frontier Airlines. Elle voulut à son tour vendre du luxe, et proposa à ses clients des billets de première classe.

People Express se mit alors à piquer du nez et n'évita l'atterrissage forcé qu'en se laissant racheter par Texas Air, qui dut ensuite déposer le bilan à sa place.

En revanche, White Castle (une chaîne de glaciers) a toujours su maintenir son cap. Les boutiques White Castle n'ont pas changé d'allure depuis soixante ans. Elles vendent toujours le même « frozen slider » (gaufres fourrées de crème glacée) à un prix incroyablement bas. Et savez-vous qu'un point de vente White Castle réalise en moyenne un chiffre d'affaires annuel de plus d'un million de dollars ? (Ce qui est plus qu'un Burger King et à peine moins qu'un McDo !)

La fortune sourit à ceux qui ont le sens du sacrifice.

14

La loi des attributs

À chaque attribut correspond un attribut opposé, tout aussi efficace.

Au chapitre 6 (la loi de l'exclusivité), nous avons vu que vous ne pouviez vous approprier le créneau ou l'attribut clé de votre concurrent. Vous devez trouver votre propre mot clé ou votre propre attribut pour vous définir.

Trop de firmes s'évertuent à singer le leader. « Ils connaissent la musique, se disent-elles. Il nous suffit de faire comme eux. » Mauvaise idée.

Il vaut bien mieux dénicher un attribut opposé à celui du leader, un concept qui vous posera en rival face à lui, et non en médiocre imitateur. Le principe fondamental est ici de rechercher le contraste maximum. Le mimétisme ne paie pas.

Coca-Cola était le premier occupant du créneau, et donc le favori des tranches d'âges les plus anciennes. Pepsi s'est efficacement positionné en se présentant comme le champion des nouvelles générations.

Crest s'était approprié l'attribut de « dentifrice anti-caries ». Les autres marques se sont rabattues sur les autres attributs : le goût, la blancheur des dents, la fraîcheur de l'haleine et, plus récemment, la tonicité des gencives.

Le marketing est une bataille d'idées. Si vous voulez en sortir vainqueur, vous devez organiser et concentrer vos efforts autour d'une image ou d'un attribut qui vous soit propre. Si vous n'en avez pas, il ne vous reste plus qu'à proposer un prix très bas. Très, très bas.

Il paraîtrait que tous les attributs ne naissent pas égaux. Certains iraient plus droit que les autres au cœur du consommateur. Vous devez les tester et vous attribuer le mot clé le plus efficace.

L'aptitude à prévenir les caries est l'attribut le

plus important pour un dentifrice. C'était celui qu'il fallait conquérir en priorité. Mais selon le principe d'exclusivité, dès lors qu'un concurrent s'est approprié un attribut avec succès, ce dernier devient inutilisable pour les autres. Vous devez donc vous contenter d'un attribut plus accessoire et d'une part de marché plus modeste. Il ne vous reste plus qu'à trouver un mot clé bien à vous, à mettre en valeur les mérites de votre attribut et à augmenter votre part de marché.

IBM a dominé le monde informatique en s'appuyant sur ses attributs de « grandeur » et de « puissance ». Les firmes qui ont essayé de la suivre sur cette voie s'y sont cassé les dents : RCA, General Electric, UNIVAC, Burroughs, Honeywell, NCR, et Control Data ont laissé pas mal de plumes dans la bagarre des gros systèmes. Puis un challenger se fit le champion de l'attribut « petit ». Le mini-ordinateur était né. Ils ont dû bien rire, chez IBM, eux qui avaient payé pour savoir que l'Amérique aimait les « costauds ». Mais à l'heure qu'il est, l'assaut des petits ordinateurs fait trembler sur ses bases l'immense empire IBM, entièrement bâti sur les gros systèmes.

Nous connaissons une firme à qui les nouveaux attributs opposés à ceux de ses produits n'ont pas donné envie de rire : Gillette, le numéro un mondial des lames de rasoir. Sa puissance reposait sur ses rasoirs perfectionnés, à lames jetables, quand la marque française Bic imposa dans la même catégorie l'attribut opposé, sous forme d'un rasoir léger, tout simple et entièrement jetable. Gillette aurait pu s'esclaffer et lancer une grande étude de marché qui l'aurait confortée dans l'idée que les Américains voulaient des rasoirs solides, chers et perfectionnés. Mais elle n'en fit rien.

Gillette s'engagea dans la compétition avec un rasoir jetable qu'elle baptisa « Good News ». En y mettant le prix, la firme remporta la bataille des rasoirs jetables et aujourd'hui, le Good News est le premier de sa catégorie, qui est la première de toute l'industrie du rasoir.

Moralité : Comme personne ne peut prévoir l'envergure que prendra un nouvel attribut, gardez-vous bien d'en rire !

La tentative de Burger King pour reprendre à McDonald's l'attribut « fast » s'est soldée par un échec. Que pouvait faire Burger King ? Tabler sur l'attribut opposé ? On ne voit pas comment une chaîne de fast-food aurait pu s'accommoder du concept « lent » ! (Bien que l'idée de « grillade » actuellement exploitée par Burger King implique un élément de lenteur.)

Une simple visite dans un McDo suffit pour repérer l'autre attribut que la chaîne s'est arrogé : les enfants. Tous les gamins traînent leurs parents chez McDonald's, à cause des balançoires, des petites tables en plastique, des fresques multicolores, et des menus-enfants agrémentés de gadgets. Mais ceci laissait à Burger King une opportunité en or, que la firme ne tarda pas à exploiter dans son duel contre le tenant du titre. Puisque McDo s'était rallié les « petits », il ne restait plus à Burger King qu'à viser les « grands », ce qui inclut tous les enfants qui ne veulent pas se poser en « bébés » — donc tous les enfants de plus de dix ans (pas mal, comme marché).

Pour que l'idée prenne, Burger King dut appliquer sans fléchir la loi du sacrifice, abandonnant aux McDo le marché des « petits ». Il perdit quelques balançoires dans la bataille, mais parvint ainsi à apposer dans le dos de son concurrent l'étiquette infamante de « réservé aux bébés » (voir chapitre 9, la loi de l'opposition).

Pour que le concept s'enracine dans l'esprit des clients potentiels, Burger King avait besoin d'un mot clé. Ce fut « grow up » — grandir, pousser, être assez grand pour apprécier le goût « flammeux » des Burger King, plus « branchés », plus « hot ».

Ce nouveau concept de Burger King fit grincer bien des dents, au comité de direction de McDonald's — ce qui est toujours bon signe !

15

La loi de la sincérité

Péché avoué se transforme en vertu…

La nature humaine (et celle des entreprises) répugne à reconnaître ses points faibles. Depuis toujours, on nous rebat les oreilles de cette panacée que serait la pensée « positive ». D'innombrables ouvrages et articles s'attachent à nous expliquer comment présenter les choses sous leur meilleur jour.

Vous ne vous attendiez peut-être pas à lire sous notre plume qu'avouer un point négatif puisse être l'un des moyens les plus efficaces pour vous imposer dans l'esprit de vos futurs clients... mais c'est vrai. Une faute avouée se transforme en vertu.

Avis : « Nous ne sommes que le numéro deux de la location de voitures. »

Smucker's : « Avec un nom pareil, ça a intérêt à être bon ! »

Volkswagen : « La VW 1970 — elle restera moche longtemps. »

Patou : « Joy, le parfum le plus cher du monde... »

Que se passe-t-il donc ? Pourquoi une petite dose de sincérité fait-elle merveille en marketing ?

D'abord, quoi de plus désarmant que la candeur... Tout jugement négatif que vous portez sur vous-même est immédiatement perçu comme vrai. En revanche, les affirmations positives ne sont acceptées que sous réserves — surtout lorsqu'elles sortent de la bouche d'un publicitaire !

Une formule positive doit être solidement étayée. Pour un constat négatif, pas besoin de preuves.

« La VW 1970 — elle restera moche longtemps. » En effet, une voiture si laide doit être sacrément solide… se dit le client.

« Joy, le parfum le plus cher du monde… » Si certains sont prêts à payer 1 700 francs pour un minuscule flacon, c'est que le contenu doit être exceptionnel !

« Smucker's : avec un nom pareil, ça a intérêt à être bon ! » Jamais une entreprise, et surtout pas une entreprise familiale, ne tournerait en dérision son propre nom… Et cela explique en partie pourquoi Smucker's est devenu le numéro un de la confiture aux États-Unis. Si votre nom prête à rire, changez-en. Ou alors, riez. Le pire serait de passer le problème sous silence. C'est pourquoi vous ne trouverez jamais dans votre supermarché de bière baptisée Grolsch, Gresedieck ou Gablinger's.

« Nous ne sommes que le numéro deux ! » Alors pourquoi aller chez eux ? Parce qu'ils doivent en faire plus ! Tout le monde savait qu'Avis n'était pas numéro un. Pourquoi souligner ainsi l'évidence ?

Le marketing est souvent l'art de jongler avec les évidences. Puisqu'une opinion, une fois fixée, est très difficile à modifier, le marketing doit tirer parti des idées et des concepts déjà ancrés dans les esprits. Ses thèmes doivent tendre à « enfoncer le clou » et aucune campagne n'a jamais mieux rempli cette mission que celle d'Avis.

On a largement usé et abusé de cette fameuse pensée positive. L'explosion des médias dans nos cultures nous a rendus méfiants. Nous nous mettons sur la défensive dès qu'on essaie de nous vendre quelque chose. Admettre une faille — voilà un terrain sur lequel peu de marques se risquent.

Quand une firme commence par reconnaître un point faible, nous avons envie, presque instinctivement, de tendre l'oreille. Si quelqu'un vous soumet un problème, vous vous sentez concerné, vous cherchez déjà des solutions, vous êtes prêt à offrir votre aide. Au contraire, quand quelqu'un vous aborde en vous assénant la litanie complète de ses exploits, vous avez tendance à prendre vos distances.

Une fois que l'esprit du client s'est ouvert et s'est mis en position d'écoute, vous êtes mieux placé pour présenter vos arguments positifs et lui insuffler l'idée qui vous fera vendre.

Il y a quelques années, Scope lança un bain-de-bouche agréable au goût en prenant pour tremplin le goût (effectivement) épouvantable du Listerine.

Que fit alors Listerine ? Inutile d'essayer de démontrer que son goût n'était pas « si atroce que ça », ce qui n'aurait pu qu'attirer l'attention des consommateurs sur ce travers et renforcer leur perception négative. Il ne fallait surtout pas aggraver la situation. Listerine s'en remit alors au principe de la sincérité. « Listerine : ce goût que vous haïssez matin et soir... »

La firme ne se contentait pas de revendiquer le mauvais goût de son produit ; elle admettait aussi que les consommateurs le détestaient. (Ça, c'est de la sincérité !) Mais à partir de là, elle pouvait laisser filtrer l'idée que Listerine était l'arme absolue contre les microbes.

Un produit qui a un tel goût d'eau de Javel

doit être un désinfectant vraiment sensationnel ! Vraiment. Moyennant une dose massive de candeur, Listerine se sortit avec élégance de ce mauvais pas.

De même General Foods admit que ses céréales Grape Nuts étaient un « plaisir conditionné » et conseilla aux consommateurs de les essayer pendant au moins une semaine. Les ventes grimpèrent de 23 %.

Une dernière remarque : le principe de sincérité ne doit être appliqué qu'avec les plus grandes précautions. D'abord, votre point négatif doit être largement perçu comme tel. Vous devez obtenir l'assentiment immédiat de votre client. Si le point négatif n'est pas instantanément enregistré et reconnu, le consommateur se demande « Mais où veulent-ils donc en venir ? »

Puis vous devez rapidement inoculer la partie positive de votre message. Toute cette sincérité n'a pas pour but de vous excuser. Il s'agit plutôt de conquérir une position privilégiée, d'où vous pourrez mieux convaincre.

Voilà qui confirme le vieux dicton : il n'y a que l'honnêteté qui paie.

16

La loi de la voie unique

Dans chaque situation, il n'existe qu'un seul angle d'approche qui permette d'obtenir des résultats significatifs.

Nombreux sont les spécialistes du marketing qui voient le succès comme le couronnement d'une multitude de petites tâches habilement exécutées.

Ils pensent pouvoir faire leur choix dans la gamme des stratégies possibles et estiment leur victoire assurée, dès lors que leur programme est appliqué avec suffisamment d'énergie et d'ampleur. S'ils sont au service du leader d'une catégorie, ils répartissent leurs ressources sur plusieurs programmes différents. La meilleure stratégie, se disent-ils, c'est celle du jeune chien : foncer sur tout ce qui bouge.

S'ils ne travaillent pas pour le leader, ils finissent souvent par l'imiter — en mieux, si possible. Ils rappellent un peu Saddam Hussein lorsqu'il prétendait qu'il suffisait de mettre toute son énergie dans la bataille pour la remporter. Or, en marketing, l'acharnement dans l'effort n'est pas la clé du succès.

L'ampleur de vos efforts n'a sur vos résultats que des répercussions secondaires. En outre, plus l'entreprise considérée est de taille importante, plus la loi de la moyenne nivelle et atténue les avantages significatifs de l'approche fondée sur l'effort, l'ampleur des moyens, etc.

L'histoire nous enseigne qu'en marketing la seule chose qui marche, c'est de frapper très fort, d'un seul coup, au bon endroit. Mieux : dans chaque situation, il n'existe qu'une stratégie qui puisse produire des résultats substantiels.

Comment procèdent les bons stratèges ? Ils étudient le champ de bataille et tâchent de découvrir la manœuvre la plus audacieuse, celle à laquelle l'ennemi s'attend le moins. Il est déjà difficile d'un trouver une. Quant à en dénicher plusieurs, ne rêvons pas !

B.H. Liddell Hart, écrivain spécialiste de la stratégie militaire, a baptisé cette manœuvre imparable « la ligne de la plus grande surprise ». Le débarquement de 1944 se fit en Normandie, sur des rivages rocheux, dangereux, présentant de fortes amplitudes de marée. Les Allemands ne s'attendaient pas à voir les armées alliées déferler de ce côté.

Il en va de même en marketing. La plupart du temps, il n'y a qu'un point sur lequel un concurrent est vulnérable, et c'est sur ce point que l'on doit concentrer toute sa force de frappe.

L'industrie automobile nous en offre un exemple édifiant. Pendant de longues années, la ligne de force du leader était sa moyenne gamme. Avec des marques telles que Chevrolet, Pontiac, Oldsmobile, Buick et Cadillac, General Motors repoussait fermement tous les assauts livrés sur ce point par Ford, Chrysler et American Motors. La débâcle d'Edsel en est un exemple typique. La toute-puissance de General Motors était devenue légendaire.

Qu'est-ce qui marche, en marketing ? La même chose que sur un champ de bataille. L'effet de surprise.

Hannibal choisit de traverser les Alpes, un itinéraire jugé hautement improbable, parce qu'impraticable, par les stratèges romains. Hitler contourna la ligne Maginot et fit passer ses divisions de Panzer par les Ardennes, qui étaient réputées impossibles à traverser pour les blindés. Il s'offrit même le luxe de le faire à deux reprises, sous le nez des généraux français.

Ces dernières années, nous n'avons assisté qu'à deux grandes offensives contre General Motors. Les deux contournaient la « ligne Maginot » du géant de Detroit. Les Japonais attaquèrent par le bas de gamme, avec de petites voitures telles que les Toyota, les Datsun et les Honda. Les Allemands attaquèrent par le haut, avec des voitures de luxe comme les Mercedes ou les BMW.

Le succès de ces attaques de flanc poussèrent General Motors à investir davantage pour consolider son haut et son bas de gamme. Mais les Cadillacs ne faisaient pas le poids, face aux belles Allemandes importées.

Dans l'espoir de faire des économies tout en maintenant son taux de profit, General Motors prit alors une décision fatale : construire un grand nombre de ses voitures de moyenne gamme sur des modèles peu différenciés. Tout à coup, il devint impossible de distinguer une Chevrolet d'une Pontiac, ni une Oldsmobile d'une Buick. Elles se ressemblaient toutes.

Ces modèles indifférenciés affaiblirent la moyenne gamme de General Motors et ouvrirent un créneau où Ford s'engouffra, avec ses voitures Taurus et Sable, inspirées des modèles européens. Puis ce furent les Japonais, avec Acura, Lexus et Infiniti. Maintenant, General Motors est vulnérable sur toute la ligne.

Et Coke... À l'heure qu'il est, Coca-Cola se bat sur deux fronts, avec le Classic et le New Coke. Bien que le Coca-Cola Classic ait pratiquement retrouvé sa vigueur d'antan, le New Coke (un nouvel Edsel, version Atlanta) bat de l'aile.

Combien de slogans Coca-Cola avons-nous vu

passer ? « We have a taste for you » (Un goût pour vous...) « The real choice » (Le vrai choix) « Catch the wave » (Prenez la vague) « Red, white and you » (Rouge, blanc et vous) « You can't beat the feeling » (Rien à faire contre cette sensation...) Et maintenant : « You can't beat the real thing ! » (Rien à faire contre le vrai truc !) Rien n'a pu infléchir la tendance de façon significative.

Chez Coca-Cola, on ne jette pas l'éponge. Ils ont même engagé une célèbre agence d'Hollywood pour trouver des idées.

D'un jour à l'autre, les nouveaux créatifs feront une entrée fracassante dans un auditorium du siège social d'Atlanta et accrocheront au mur une nouvelle série de slogans. Le haut management de Coke se réunira, mettra au point la toute dernière stratégie... En théorie, il est toujours possible de tomber sur l'idée, la seule, la vraie, en alignant à l'aveuglette toutes celles qui vous passent par la tête. Mais ce n'est pas ainsi qu'on avance.

Or, Coke doit avancer. La firme ne peut plus se contenter de survivre. À nos yeux, il ne lui reste qu'une stratégie possible, une stratégie en deux temps : un pas en arrière et un pas en avant.

Avant tout, pour amère que soit la pilule, elle doit l'avaler : il faut laisser tomber le New Coke — non pas parce que la marque ne marche pas, ni à cause du poids mort qu'elle représente, mais parce que son existence même empêche Coca-Cola d'utiliser efficacement sa seule arme.

Lorsque le New Coke ne sera plus qu'un dossier sagement remisé dans un tiroir des archives, Coke pourra appliquer la loi de la convergence et remettre d'actualité le concept du « Real Thing », le « vrai truc », celui à côté duquel tous les autres sont des ersatz.

Coke pourrait par exemple imaginer des spots télé destinés à la Pepsi Generation : « Ok, les mômes ! C'est quand vous voulez. Dès que vous êtes prêts pour le "vrai truc", vous savez où nous trouver ! » Et c'en serait fait de la Pepsi Generation — si PepsiCo ne lui a pas déjà tordu le cou.

L'idée n'est pas seulement simple et redoutablement efficace. Pour Coca-Cola, c'est la seule possible. Elle repose sur le seul mot dont Coke ait l'exclusivité dans l'esprit de ses clients. *The Real Thing*.

Pour découvrir ce concept ou cette idée unique, les responsables du marketing doivent se tenir au fait de l'actualité du marché. Il doivent venir sur le champ de bataille, patauger dans la boue des tranchées, savoir ce qui marche et ce qui ne marche pas. Ils doivent prendre part au combat.

Le management ne peut se permettre de déléguer les décisions vitales du marketing. Les erreurs coûtent trop cher. Souvenez-vous de ce qui est arrivé à General Motors, lorsque les experts financiers ont pris le pouvoir. Les programmes de marketing ont capoté. Ce qui intéressait les têtes pensantes, ce n'étaient plus les marques, mais les chiffres. Malheureusement pour eux, lorsque les marques se cassent la figure, les chiffres ne tardent pas à les suivre.

Mais, que voulez-vous... Il est difficile de découvrir *la* manœuvre quand on passe sa vie dans les salles de réunion du siège social, sans jamais mettre le pied sur le champ de bataille.

17

La loi de l'imprévisible

À moins de dicter leur planning à vos concurrents, renoncez à prédire l'avenir.

La plupart des stratégies de marketing impliquent une sorte de don de voyance extra-lucide. Or, les programmes fondés sur ce qui arrivera dans l'avenir se trompent presque toujours. Un régiment de météorologistes armés de centaines d'ordinateurs s'avoue incapable de prévoir le temps qu'il fera dans trois jours. Qui prétendrait prédire le comportement d'un marché dans trois ans ?

IBM a développé un imposant programme de marketing pour exhorter ses clients à relier tous leurs PCs aux gros systèmes IBM. OfficeVision, avait-on baptisé le projet. Les nouveaux produits développés chez Sun Microsystems, Microsoft et les autres n'en ont fait qu'une bouchée. OfficeVision avait tout prévu, sauf les progrès de ses rivaux.

L'incapacité à prévoir les réactions de la concurrence est l'une des premières causes d'échec du marketing. Quand on lui demanda lequel des chefs confédérés était responsable de sa défaite à Gettysburg, le général Pickett répondit : « Je pensais bien que les Yankees y étaient pour quelque chose ! »

Aux dires de certains, la plus grosse faille du management américain serait son manque de perspective à long terme, l'étroitesse de ses vues. L'élimination des projets à longue échéance ne déboucherait-elle pas sur une aggravation de cette situation ?

À première vue, oui. Mais gardons-nous de nous méprendre sur le sens de cet « à long terme ». La plupart des problèmes des entreprises américaines ne sont pas le fruit d'une *stratégie marketing* à court terme. Les causes du mal sont les stratégies *financières* à court terme.

La vie de la plupart des entreprises est régie au rythme des bilans trimestriels, et c'est là où le bât blesse. Ceux qui vivent par les chiffres périront par les chiffres. Harold Geneen, célèbre pour ses exploits chez ITT, nous offre un excellent exemple de cette approche. Il s'est démené comme un vrai démon et a fait une vie d'enfer à tous ses managers, avec un seul but en tête : accroître le chiffre d'affaires.

Tout cela s'est soldé par un échec. Le château de cartes s'est effondré et aujourd'hui, ITT n'est plus que l'ombre d'elle-même. Bonne gestion financière, certes, mais piètre marketing.

General Motors ne se débrouillait pas mal du tout, jusqu'à ce que les maîtres des finances prennent les commandes, misant tout sur les résultats chiffrés, au détriment des marques. Il laissèrent partir à vau-l'eau le plan de différenciation des modèles mis au point par Alfred Sloan. Pour atteindre ses objectifs financiers trimestriels, le responsable de chaque division concentra ses efforts sur la moyenne gamme.

Il existe une bonne manière de planifier à court terme. C'est de trouver l'angle ou l'idée qui vous permet de personnaliser votre produit et votre entreprise. Il vous reste ensuite à vous fixer à long terme une ligne de marketing, un programme général qui vous permettra de tirer le maximum d'effet de cet angle ou de cette idée. Il ne s'agit pas d'un plan à long terme, mais d'une ligne directrice générale.

L'approche à court terme de Tom Monaghan pour sa chaîne de pizza Domino's fut d'imposer l'idée de pizzas livrées à domicile et de construire un réseau qui les apportait aux clients en un clin d'œil et pour un prix alléchant. Sa ligne générale était d'instituer dans tous les États-Unis, et en un minimum de temps, la première chaîne nationale de livraison de pizzas.

Monaghan ne pouvait s'approprier le terme « livraison de pizzas à domicile » tant qu'il n'avait pas assez de franchisés pour s'offrir de la publicité à l'échelle nationale. Ces deux objectifs sont aujourd'hui atteints. Domino's pèse à présent 2,65 milliards de dollars et détient 40 % du marché. Monaghan a appliqué sans ciller ce plan sur dix ans.

Alors, que faire ? Comment vous adapter aux remous de l'inattendu ? Personne ne peut prédire l'avenir, mais on peut tirer parti des tendances, ce qui est une manière de s'adapter aux changements. Exemple de tendance : la passion croissante des Américains pour tout ce qui concerne la santé et la forme physique. Cette tendance a ouvert les portes à beaucoup de produits nouveaux, parmi lesquels les aliments diététiques. Le récent triomphe des hors-d'œuvres surgelés Healthy Choice illustre parfaitement la manière dont un produit peut mettre à profit une tendance à long terme.

ConAgra a lancé Healthy Choice en mars 1989. Depuis longtemps déjà, on trouvait sur le marché une ribambelle de produits à teneur réduite en sodium, en sucre ou en matières grasses, mais ces concepts diététiques étaient tous enfouis sous des noms dérivés. ConAgra fut le premier à lancer une marque et un concept spécialisés et à exploiter directement cette tendance qui existait depuis de nombreuses années.

Hélas, ConAgra prend elle aussi le chemin de la diversification. Au mépris de la loi du sacrifice, la firme propose un choix élargi qui ne se limite plus aux hors-d'œuvres.

L'extrapolation abusive est le principal écueil, lorsqu'on cherche à suivre une tendance. Nombre d'entreprises essaient de prévoir la durée d'une tendance. Les pronostiqueurs prétendaient il y a quelques années que nous ne mangerions aujourd'hui que du poisson pané et du poulet barbecue à la mexicaine... Aux dernières nouvelles, le hamburger se porte toujours comme un charme. Merci pour lui !

L'autre erreur à éviter serait de croire que l'avenir nous offrira un remake du présent. On risque tout autant de se tromper en posant que rien ne va changer qu'en partant de l'hypothèse inverse. Souvenez-vous de la loi de Peter : c'est toujours l'inattendu qui se produit.

L'analyse des tendances peut être un outil efficace pour s'adapter à l'imprévisible. Mais les études de marché peuvent créer plus de problèmes qu'elles n'en résolvent. Leur point fort est justement de mesurer les événements passés. Or, les effets des idées nouvelles échappent à toute tentative d'évaluation. Personne ne dispose des cadres de référence qui seraient nécessaires. Aucun consommateur ne peut dire ce qu'il fera tant qu'il n'est pas confronté à une décision réelle.

L'étude menée par Xerox avant le lancement de la photocopieuse à papier ordinaire est un exemple classique. Il en était ressorti que pratiquement personne n'était prêt à payer 5 cents une copie sur papier normal, alors que la copie au « thermofax » ne coûtait que 1,5 cent.

Xerox passa outre, et nous connaissons la suite.

Pour vous prémunir contre les sautes d'humeur du marché, dotez votre entreprise d'une organisation hautement flexible. Quand les vagues de l'imprévu viennent tout chambouler dans votre catégorie, vous devez pouvoir changer rapidement, si vous voulez survivre à long terme.

Hier, General Motors n'a pas réagi assez vite à la tendance « petites voitures », et cela lui a coûté les yeux de la tête.

Aujourd'hui, c'est IBM qui tarde à tenir compte du déclin des gros systèmes, et il pourrait lui en coûter fort cher.

La station de travail menace directement aussi bien les gros systèmes que les mini-ordinateurs. Elle offre une puissance de traitement considérable, à moindre coût. Si IBM tient à sa première place dans le monde informatique, la firme doit devenir un partenaire sérieux dans une catégorie dominée par Sun Microsystems et Hewlett-Packard.

En lançant un nouveau terme générique, par exemple... IBM pourrait baptiser « PM » sa nouvelle gamme de stations de travail, tout comme elle l'avait fait pour les fameux PC. « PM », pour « personal mainframes ». Ces deux mots simplissimes, qui résument dans un raccourci fulgurant la puissance et la rapidité de traitement de ces nouveaux ordinateurs de bureau, sont la propriété d'IBM dans l'esprit de ses futurs clients.

Leur combinaison pourrait s'avérer redoutablement efficace.

Le seul problème que rencontrerait ce genre de concept relève de la politique interne chez IBM. Le terme « personal mainframe » sèmerait la panique dans la division des gros systèmes (les « mainframes ») et dans celles des PC (les « personal »). Parions que le responsable de l'idée serait assailli de coups de fil indignés. Le « personal mainframe », lui objecterait-on, serait une menace pour ces deux importantes sources de revenu.

C'est sans doute vrai. L'idée mettrait en danger les deux autres types de produit, mais une firme doit être assez flexible pour s'attaquer à de nouvelles idées. Il n'existe aucune autre façon de « faire avec » l'imprévisible — même s'il est parfois douloureux de changer.

Un dernier mot : ne confondons surtout pas « prédire l'avenir » et « parier sur l'avenir ». Orville Redenbacher, le responsable de Gourmet Popping Corn, a gagé que les amateurs de popcorn seraient prêts à payer le double du prix courant pour un produit amélioré. Un risque bien calculé, dans la société d'abondance qui est la nôtre.

En revanche, personne ne peut prévoir l'avenir, proche ou lointain — et aucun programme de marketing ne devrait se risquer à le faire.

18

La loi du succès

Le succès rend arrogant, et l'arrogance mène à l'échec.

L'ego est le grand ennemi du marketing. Ce qu'il lui faut avant tout, c'est de l'objectivité.

Or, avec le succès, les hommes tendent à perdre leur objectivité. Ils substituent trop souvent leurs propres préférences aux besoins du marché. Donald Trump et Robert Maxwell sont deux exemples de personnalités aveuglées par un succès trop rapide et qui n'ont jamais très bien su ce qu'était l'humilité. Quand on est aveugle, il devient difficile de définir sa cible, et de s'y tenir.

M. Trump opta pour la stratégie qui consiste à apposer son nom sur à peu près n'importe quoi et se vautra dans le péché de diversification. Il semblerait d'ailleurs que l'entêtement à nier l'évidence aille de pair avec l'hypertrophie de l'ego. Le jour où nous avons rencontré le Grand Donald, il se présenta comme la modestie même, en dépit des allégations de ses détracteurs. « Moi ? Un ego insatiable ? Jamais ! » Comme il protestait de sa parfaite humilité, nos yeux tombèrent sur une sculpture de bronze, représentant un T majuscule d'un mètre de hauteur, qui siégeait près de son bureau. Sa modestie le perdra... !

Le succès entraîne souvent à commettre des imprudences fatales. L'extension de gamme, par exemple. Posant comme un fait acquis que le principal facteur de succès de tel produit est son nom, la firme part en quête d'autres produits où coller sa précieuse étiquette.

C'est exactement l'inverse. Ce n'est pas son nom qui fait la célébrité d'un produit (quoiqu'un nom mal choisi puisse empêcher une marque d'accéder au succès). Votre marque est devenue célèbre parce que vous avez adopté une bonne stratégie marketing — ou, si vous préférez, parce que votre démarche s'accordait avec les lois fondamentales du marché.

Vous vous êtes d'abord imposé dans l'esprit des clients. Vous avez rigoureusement délimité et rétréci votre cible. Vous vous êtes approprié un attribut efficace. Et voilà votre ego gonflé comme une baudruche par le succès. Vous apposez votre signature sur d'autres produits et les résultats ne se font pas attendre : l'échec, à longue échéance, suit votre succès des premiers temps, comme dans le cas exemplaire de Donald Trump.

Plus vous vous identifiez à votre marque, ou au nom de votre entreprise, plus vous risquez d'être pris dans l'engrenage fatal. « Ça ne peut être à cause de notre nom, pensez-vous lorsque les choses commencent à tourner au vinaigre. Il a fait ses preuves... »

L'orgueil engendre la ruine et celui qui vise trop haut finit au fond de l'abîme.

Tom Monaghan, de Domino's Pizza, est l'un des rares chefs d'entreprise à avoir démystifié les dangers de l'ego : « On se croit omnipotent. Moi-même, j'étais convaincu que rien ne pouvait m'arrêter. J'avais commencé par des pizzas surgelées. Une catastrophe. Si je ne m'étais pas entêté pendant presque un an à démarcher dans les bars et les restaurants pour vendre ces pizzas surgelées, Domino's Pizza aurait sans doute bien plus de magasins, à l'heure qu'il est ! »

En fait, l'ego a son utilité. C'est un puissant catalyseur d'énergie, quand on crée une entreprise. Il ne se transforme en poison que lorsque vous le laissez influencer votre stratégie de marché. Les génies du marketing ont le don de se mettre dans la peau de leurs clients, de penser comme eux. Ils ne projettent pas leur propre façon de voir le monde sur la situation à laquelle ils sont confrontés. N'oubliez jamais que nous vivons dans un univers de perceptions et qu'en marketing, il n'existe qu'une vérité : celle du client.

En accumulant les succès, des entreprises telles que General Motors, Sears Roebuck ou IBM ont perdu contact avec la réalité du marché. Elles ont eu l'arrogante illusion de pouvoir agir selon leur bon vouloir. Le succès engendre l'échec.

Prenez Digital Equipment Corporation, la firme qui a créé le mini-ordinateur. Partie de trois fois rien, elle était devenue une entreprise florissante, pesant 14 milliards de dollars.

Puis Kenneth Olsen, son fondateur, se laissa obnubiler par sa propre conception du monde informatique et vit arriver d'un œil dédaigneux le micro-ordinateur, les systèmes ouverts et enfin, le traitement par instructions privilégiées (RISC).

Ken Olsen négligea donc trois des principaux développements du monde informatique. Or, une tendance, c'est comme la marée — essayez donc de l'empêcher de monter ! Aujourd'hui, Ken Olsen est sur la touche.

Plus grande est la taille de l'entreprise, plus ses responsables risquent de perdre le contact avec le terrain. Il pourrait s'agir là de l'unique facteur qui impose une limite à la croissance des entreprises. Tous les autres facteurs jouent en faveur du volume. Le marketing est une guerre et le nombre est le premier des avantages stratégiques. L'armée la plus forte, l'entreprise la plus puissante, détiennent un atout fondamental. Mais la plus grande entreprise gaspille une partie de son avance tactique si elle disperse ses énergies lors de la bataille qui se livre dans l'esprit des clients.

L'empoignade entre Roger Smith et Ross Perrot, chez General Motors, illustre bien ce dernier point. Lorsqu'il était au comité de direction de General Motors, Ross Perrot passait ses week-ends à visiter des concessionnaires et à leur acheter des voitures « incognito ». Il reprochait à Roger Smith de ne pas en faire autant.

« Il faut faire exploser le système General Motors ! » proclamait-il. Et de prôner l'abolition des limousines avec chauffeur, des salles à manger réservées au haut-management. (Des limousines avec chauffeur, pour des gens censés vendre des voitures ? Tsss !)

Si vous êtes un PDG débordé de travail, comment recueillir des informations objectives sur ce qui se passe vraiment dans votre entreprise ? Comment déjouer la tendance de vos lieutenants à ne rien vous dire que vous ne désiriez entendre ?

Comment capter les mauvaises nouvelles aussi bien que les bonnes ?

Les visites inopinées ou incognito sont une solution. Elles sont particulièrement efficaces au niveau de la distribution ou de la vente de détail. Cela revient un peu, pour un roi, à se déguiser en simple sujet, pour se mêler à la foule et récolter des avis honnêtes sur la vie du royaume.

Tout comme les rois, les hauts responsables reçoivent rarement de la part de leurs ministres des informations sincères. Trop d'intrigues se trament à la cour.

L'autre versant du problème est le partage du temps. Le planning du PDG est généralement envahi par les corvées de représentation, les congrès professionnels, les conférences, les réunions, les rendez-vous à l'extérieur, les dîners de remerciement...

Une étude a permis de déterminer qu'un PDG consacrait en moyenne 18 heures par semaine à ses activités extérieures, les réunions internes étant le deuxième grand gouffre de temps : 17 heures, plus 6 heures de préparation. Comme un PDG travaille environ 61 heures par semaine, cela ne lui laisse que 20 heures pour tout le reste, ce qui inclut le travail de direction de l'entreprise et le maintien du contact avec le terrain. Comment s'étonner que les dirigeants délèguent leurs responsabilités pour le marketing ? Ils ont tort.

La stratégie commerciale d'une entreprise est un sujet trop vital pour être confié à un subordonné. Si vous devez déléguer quelque chose, déléguez plutôt la direction de votre prochaine mission de représentation. (C'est le vice-président des États-Unis qui assiste aux funérailles nationales. Le président a d'autres chats à fouetter.) Vous pouvez aussi déléguer la présidence des réunions. Au lieu de passer des heures en vaines discussions, promenez-vous dans l'entreprise. Voyez par vous-même. Comme disait Gorbatchev à Reagan : « Mieux vaut le voir une fois de ses propres yeux, que de se l'entendre expliquer cent fois. »

Les petites entreprises gardent un meilleur contact avec la réalité du terrain, et ce pourrait bien être ce qui explique leur taux de croissance supérieur, cette dernière décennie. Elles n'ont pas été victimes de leur succès.

19

La loi de l'échec

Il faut savoir faire la part de l'échec.

Trop d'entreprises s'évertuent à camoufler leurs failles, quand elles devraient renoncer purement et simplement. Elles ne survivent qu'à coup de réorganisations successives.

Qu'est-ce qui peut nuire à une carrière ? Reconnaître une faute sans rien faire pour y remédier. Il vaut bien mieux prévoir l'échec assez tôt pour limiter les dégâts. American Motors aurait dû laisser tomber les voitures pour se consacrer aux Jeeps. IBM n'aurait jamais dû s'acharner à fabriquer des photocopieuses, ni Xerox des ordinateurs.

En ce domaine, les Japonais semblent plus avisés que nous. Ils savent reconnaître à temps leurs erreurs et prendre les mesures qui s'imposent, aidés en cela par leur système de management par consensus, qui fait la part moins belle à l'ego. Lorsqu'un grand nombre de gens ont participé à une prise de décision, personne ne risque d'étiquette infamante, en cas d'échec, ni de grave revers de carrière. L'erreur collective est toujours plus facile à admettre et à réparer que l'erreur individuelle.

Cette approche « anti-ego », décentralisée, est sans doute l'une des armes les plus efficaces du marketing japonais. Ils commettent tout autant d'erreurs que les autres, mais au lieu de s'y enliser, ils reconnaissent leurs torts, rectifient le tir, et vont de l'avant.

Les supermarchés Wal-Mart doivent en partie leur immense succès à leur attitude philosophe vis-à-vis de l'échec. Sam Walton a baptisé l'approche Wal-Mart le « Prêt ! Feu ! En joue ! » — ou, si l'on veut, la stratégie de la mise au point permanente. Cette façon d'envisager les choses découle en droite ligne de la passion que nourrit ce bricoleur de génie pour l'expérimentation.

Walton a bien compris que personne ne fait mouche à tous les coups. Chez Wal-Mart, on ne pénalise pas ceux dont les initiatives ont échoué. « Malheur à celui qui commet deux fois la même erreur », déclarait le PDG de Wal-Mart interviewé par *Business Week*. « Mais quand on sait tirer les enseignements d'un échec, on finit toujours par en récolter les fruits. »

Wal-Mart diffère des autres grandes firmes en ce qu'elle semble, jusqu'ici, échapper à ce mal insidieux qui n'épargne personne : les conflits entre l'intérêt général et les intérêts particuliers. Partout ailleurs, ou presque, les grandes décisions de marketing se prennent en fonction de l'impact qu'elles auront sur la carrière de celui qui tranche, et ensuite seulement en fonction des concurrents ou de l'état du marché.

Ce conflit radical entre les priorités personnelles et celles de l'entreprise se traduit par une attitude frileuse du haut management, une allergie au risque. Mais comment prétendre à la première place dans une nouvelle catégorie sans s'aventurer dans l'inconnu ? N'attendez pas d'audacieuses innovations d'un PDG qui reçoit un salaire royal et qui approche de la retraite... !

Il arrive même qu'un « jeune cadre dynamique » choisisse la voie de la prudence pour assurer son avenir dans l'entreprise. Personne ne s'est jamais fait mettre à la porte pour une initiative courageuse qu'il n'avait pas osé prendre !

Certaines firmes ne font qu'une certaine catégorie de choix : ceux qui profitent directement à un ou plusieurs membres du haut-management.

Cela débouche sur une limitation fâcheuse des possibilités de l'entreprise. Une idée fondamentalement bonne se fait parfois « sabrer » parce qu'aucun dirigeant n'y trouve son profit personnel.

Pour désamorcer ce mal rampant, on peut le reconnaître publiquement et identifier les personnes qui bénéficieront du succès de tel nouveau produit, ou de telle opération. 3M a ainsi institué le système « Champion ». Lors du lancement des célèbres Post-it, dont la mise au point a pris une douzaine d'années, un chercheur du nom d'Art Fry fut nommément posé en champion du produit.

Dans l'idéal, avec ou sans système de reconnaissance explicite, la culture de l'entreprise devrait donner à ses managers les moyens de jauger un concept selon ses mérites, et non en fonction de ceux à qui il profitera.

Lorsqu'on vise cet idéal, il faut favoriser l'esprit d'équipe, la solidarité dans l'effort, et se doter d'un leader dévoué à la cause commune. Vous vous souvenez certainement du Général Patton et de sa IIIe Armée... Lorsqu'ils ont déferlé sur la France, jamais une armée n'avait conquis autant de territoire ni fait autant de prisonniers en si peu de temps.

Bénéfice net pour Patton ? Il s'est fait virer par Eisenhower...

20

La loi de la fièvre médiatique

La véritable portée d'un événement est souvent inversement proportionnelle à celle que lui donnent les médias.

Quand IBM prospérait, la firme faisait très peu parler d'elle. Maintenant qu'elle est en difficulté, on la croirait engagée dans une conférence de presse permanente. Lorsque tout va bien, on n'a pas besoin des projecteurs de l'actualité. Quand on en a besoin, c'est généralement que quelque chose ne tourne pas rond.

Les journalistes de seconde zone ou débutants sont souvent plus convaincus par ce qu'ils lisent sous la plume de leurs confrères que par les informations qu'ils collectent eux-mêmes. Une fois lancées, les rumeurs font donc rapidement boule de neige.

Aucune boisson sans alcool n'a été annoncée avec autant de pompe que le New Coke. On a pu estimer qu'elle avait bénéficié de plus d'un milliard de dollars de publicité gratuite, auquel s'ajoutent les centaines de millions effectivement dépensés. Le New Coke aurait dû être un triomphe absolu. Il n'en a rien été.

Moins de trois mois après son lancement, Coca-Cola dut revenir à la formule d'origine, rebaptisée pour la circonstance « Coca-Cola Classic ». À l'heure qu'il est, le Classic se vend quinze fois plus que le New Coke.

Aucun journal n'a fait plus de bruit que *USA Today*. Le président des États-Unis, le porte-parole du Congrès et le leader de la majorité au Sénat assistaient à la manifestation organisée pour son lancement. L'écho de ce « Big Bang » eut tant d'ampleur qu'aujourd'hui encore, une majorité d'Américains sont toujours persuadés du succès de *USA Today*.

Aucun ordinateur n'a soulevé autant

d'enthousiasme à ses débuts que le NeXt. La demande pour assister aux conférences de presse était telle que Steve Jobs dut faire imprimer des tickets et instituer un système de réservations, dans un auditorium de plusieurs milliers de places. Il ne restait plus un strapontin !

Steve Jobs fit la couverture d'une foule de magazines et vint parler de sa machine aux infos de vingt heures, sur toutes les chaînes. IBM, Ross Perrot et Canon avaient investi 130 millions de dollars dans le projet.

NeXt tiendra-t-il ses promesses ? Évidemment pas. Où est son créneau ? Dans quelle catégorie est-il le premier ?

Le champ de bataille du marketing est jonché d'échecs qui avaient été annoncés par la presse comme autant de triomphes. La Tucker 48, l'US Football League, le Videotext, l'usine tout automatique, l'hélicoptère individuel, le vidéophone, les costumes Tergal... On nous a assuré que tous ces produits seraient des succès retentissants, et qu'ils ne feraient qu'une bouchée de tous leurs concurrents. Le Tergal allait remplacer la laine. Le Videotext allait rayer la presse écrite de la carte. L'hélicoptère individuel allait provoquer la disparition des routes et des autoroutes. La Tucker 48 et son phare unique, en « œil de cyclope » allaient révolutionner la manière dont Detroit construisait les voitures (mais il n'en fut jamais assemblé que cinquante-et-une).

Selon la conception futuriste du bureau dont on nous a tant rebattu les oreilles, toutes les machines devaient être intégrées en une seule. La dernière fois que nous avons jeté un œil dans le nôtre, tout était encore sous forme de machines séparées : des machines à écrire indépendantes (pardon, des « PC »), des imprimantes laser, des fax, des photocopieuses, des machines à affranchir... Le « bureau du futur » semble bien parti pour tenir sa promesse : il restera toujours et à jamais dans le futur.

Ces prédictions vont à l'encontre du principe d'imprévisibilité. Personne ne peut prédire l'avenir, pas même les plus perspicaces des rédacteurs du *Wall Street Journal*. Les seules révolutions que l'on puisse prédire sont celles qui sont déjà en marche.

Qui avait prévu la chute de l'empire communiste ? Les médias ne se sont jetés sur le sujet qu'une fois le processus amorcé.

Comparons le lancement de la première Tucker à celui de la première Toyopet qui a débarqué en Californie. Le *Los Angeles Time* avait-il consacré sa une à la vague d'importations japonaises qui allait faire trembler toute l'industrie automobile nationale ? Pas du tout. Les seuls articles qui en parlaient vous les décrivaient comme de pauvres petites caisses à savon incapables d'affronter les grandes routes de notre beau pays sans semer leurs boulons ! Bien sûr, cela n'a pas empêché la Toyopet de faire un malheur, après avoir résolu certains problèmes techniques et s'être rebaptisée « Toyota ».

Lorsque MCI lança son système de transmission par micro-ondes entre Chicago et St Louis, la presse s'est-elle écriée « Attention, AT&T ! Voilà un concurrent sérieux ! » Absolument pas. Les médias ont royalement ignoré le petit MCI. Quand Sun Microsystems a mis sur le marché sa première station de travail, ont-ils souligné la portée de l'événement ? Ont-ils annoncé que ces nouveaux appareils allaient remettre en question la suprématie d'IBM et de Digital Equipment Corporation ? Non. Ils ont royalement ignoré Sun.

Si vous cherchez des indices de ce que l'avenir nous réserve, lisez plutôt les entrefilets dans les dernières pages de votre journal. Laissez tomber les gros titres.

Le micro-ordinateur n'a pas décollé à la vitesse grand V. Pas plus que les fax. Les micros ont été commercialisés en 1974. Il a fallu six ans à IBM pour contre-attaquer avec le PC. Même l'IBM PC n'a pas immédiatement soulevé l'enthousiasme. Il fallut attendre le lancement de Lotus 1-2-3, un an et demi plus tard.

Faire fantasmer le public et révolutionner un marché, ce n'est pas tout à fait la même chose. Pensez au téléphone à écran, aujourd'hui baptisé « vidéophone ». Depuis sa présentation en 1964, lors du salon international de New York, il a bénéficié d'une large publicité dans la presse. Le dernier exemple en date est un article à la une du *Wall Street Journal* : « L'ère du vidéophone approche à grands pas. Une vraie révolution ! »

C'est la troisième fois qu'AT&T s'y casse les dents. Dans les années soixante-dix, la firme proposait un vidéophone pour 100 dollars par mois. Échec. Dans les années quatre-vingt, elle proposa un service de conférence par vidéophone à 2 300 dollars l'heure. Dans les années quatre-vingt-dix, elle essaie de nous aguicher avec ses vidéophones à 1 500 dollars pièce.

Pourquoi les vidéophones restent-ils dans leurs boîtes ? C'est clair : personne n'a envie de devoir se mettre sur son trente et un pour décrocher son téléphone.

Ce qui est peut-être moins évident, c'est la raison de tout ce bruit autour de cette sacrée machine. Le sous-titre de l'article du *Wall Street Journal* nous offre peut-être un indice : « le vidéophone — un autre moyen de voyager... » Attention à vous, American Airlines, United ou Delta ! Vos jours sont comptés. Le vrai sujet n'est pas ici le vidéophone, mais la révolution qui va bouleverser le secteur des transports.

Année après année, les plus grandes campagnes médiatiques ont été lancées autour de ces nouveaux produits dont la seule arrivée promettait de remettre en question tout leur secteur industriel — surtout si ce dernier était un maillon économique vital. Vous souvenez-vous du battage dont l'hélicoptère avait fait l'objet après la Seconde Guerre mondiale. « Un hélico dans chaque garage », disait-on. Finis les ponts, les routes et toute l'industrie automobile.

Vous avez un hélicoptère, vous ? Et Donald Trump, il en a un ? (En fait, Donald s'en était offert un, et un beau. Mais la banque le lui a repris.)

Ensuite, on annonça à grand renfort de tambours l'avènement de la maison entièrement préfabriquée et pré-équipée. Ainsi, le produit le plus coûteux que puisse s'offrir une famille pourrait sortir d'une chaîne de montage. Finie, l'industrie du bâtiment !

De temps en temps, les produits alimentaires libres, sans étiquettes ni fioritures, défraient la chronique. « Ils vont envoyer au tapis l'industrie du packaging ! Finies, les marques. Désormais, les clients ne liront plus les étiquettes que pour s'informer et achèteront les produits selon leurs vrais mérites, et non plus en fonction de leur budget publicitaire ! » Mais tout cela n'est que poudre aux yeux...

Non qu'il n'y ait pas au moins un atome de vérité dans chacun de ces exemples. Quiconque dispose de 300 000 ou 400 000 francs peut s'acheter un petit hélicoptère. L'ordinateur à saisie graphique a de quoi séduire une certaine catégorie de consommateurs : les agents commerciaux qui passent leur vie en déplacement, par exemple. Le vidéophone pourrait effectivement révolutionner l'industrie du téléphone rose et il existe un marché non négligeable pour les « mobil-homes » et les caravanes, effectivement fabriqués à la chaîne.

Mais le tapage médiatique ne recouvre généralement pas grand-chose. Les vraies révolutions ne se font pas annoncer. Elles ne se produisent pas à l'heure dite, sous les yeux des journalistes, devant les caméras de télé. Elles éclatent sans tambours ni trompettes, au moment où l'on s'y attend le moins, et elles sont sur nous avant même que nous n'ayons eu le temps de les voir venir.

21

La loi de l'accélération

Les programmes fructueux ne reposent pas sur des modes, mais sur des tendances.

Si les modes sont les vagues du marché, les tendances en sont les marées. Les modes font énormément de bruit, et les tendances très peu.

Comme une déferlante, la mode se manifeste de façon voyante. Elle gonfle, s'amplifie, mais retombe très vite. Comme les marées, les tendances se développent lentement, de façon presque imperceptible. Mais à long terme, leurs effets sont considérables.

Les modes sont des phénomènes passagers, qui peuvent s'avérer rentables, mais elles ne durent pas assez longtemps pour que les entreprises puissent en bénéficier. Pire : ces dernières ont souvent tendance à réagir aux phénomènes d'engouement comme s'il s'agissait de véritables tendances : elles s'équipent de machines coûteuses, surembauchent, développent des réseaux de distribution qui deviendront vite inutiles.

Certains phénomènes de mode se répètent de façon cyclique : les jupes courtes, par exemple, ou les vestons croisés. Un peu comme la comète de Halley, qui nous rend visite tous les quelque soixante-quinze ans...

La vague passée, l'entreprise doit souvent affronter une période de grande dépression financière. Souvenez-vous de ce qui est arrivé à Atari et pensez à la façon dont Coleco Industry a géré ses Cabbage Patch Kids (en français, les « Patoufs »), ces poupées qui s'écartaient résolument des canons de beauté du genre. Elles furent commercialisées en 1983 et déferlèrent dans tous les magasins de jouets. On se les arrachait. Coleco était bien décidé à exploiter le filon jusqu'au bout. On vit proliférer des nuées de produits dérivés : des crayons, des stylos, des trousses, des jeux, des vêtements... Deux ans plus tard, Coleco réalisait un chiffre d'affaires de 776 millions de dollars, dont 83 millions de bénéfices. Puis ce fut le début de la fin pour les Patoufs. En 1988, Coleco succombait à la loi de la durée, telle que l'explique notre chapitre 11.

Coleco ne s'en releva jamais, mais les Patoufs survécurent. Rachetées en 1989 par Hasbro qui les commercialisa selon une stratégie plus pondérée,
elles se portent actuellement comme des charmes.

Voilà bien le paradoxe : lorsque vous êtes aux prises avec un produit à évolution hyperrapide, présentant toutes les caractéristiques d'un engouement, la meilleure chose à faire est de tempérer cet engouement. Ce faisant, vous étirez la vague dans la durée et elle se comporte davantage comme une tendance.

Ce phénomène est flagrant dans l'industrie du jouet. Certains fabricants de jouets qui marchent très fort tiennent à apposer sur tout ce qui leur tombe sous la main le nom de ce gadget dont les enfant raffolent, avec pour seul résultat d'amplifier encore le processus et de hâter d'autant son déclin. Lorsque tout le monde a sa tortue Ninja, personne ne peut plus les voir en peinture.

Les tortues Ninja illustrent parfaitement le cas de la vague qui disparaît aussi vite qu'elle est venue, à cause de l'avidité du propriétaire du concept. Cette vague aurait pu s'étendre davantage dans la durée, si on l'avait freinée et atténuée, au lieu de l'amplifier.

En revanche, la poupée Barbie fait désormais l'objet d'une véritable tendance. Elle existe depuis de nombreuses années et son concept n'a jamais été massivement exploité dans d'autres secteurs, ce qui lui a permis de s'imposer à long terme dans l'industrie du jouet.

Les plus grandes stars contrôlent soigneusement la fréquence de leurs apparitions en public. Elles savent se faire désirer et se gardent d'envahir les scènes ou les médias au point de lasser leurs admirateurs.

Le colonel Parker, manager d'Elvis Presley, avait délibérément choisi de limiter le nombre des prestations et des disques du King. Chaque fois qu'Elvis se produisait, c'était un événement. D'ailleurs Elvis a lui-même renforcé cette stratégie en se détruisant à petit feu, ce qui a gravement compromis la fréquence de ses prestations futures. Tout comme James Dean et Marilyn Monroe.

Oubliez les modes éphémères. Quand vous en voyez une poindre à l'horizon, tâchez de l'atténuer. Un produit qui veut s'assurer des débouchés durables ne doit jamais satisfaire totalement la demande, ni envahir le marché.

À long terme, la meilleure des approches reste de bâtir sur une véritable tendance.

22

La loi des moyens

Trouver les moyens de ses idées — là est la question... !

Vous avez une bonne idée, et vous avez ouvert ce livre en vous disant qu'il ne vous manquait plus qu'un petit coup de baguette magique de la fée Marketing, pour transformer votre produit en succès. La lecture de ce chapitre va peut-être vous faire l'effet d'une douche froide.

Même avec la meilleure idée du monde, vous n'irez jamais bien loin si vous n'avez pas les moyens de votre politique. Les inventeurs, les entrepreneurs, les créateurs de tout poil s'imaginent que mise entre les mains d'un virtuose du marketing, une idée se lance d'elle-même.

Rien n'est plus faux. Le marketing se joue dans l'esprit du client, or conquérir un esprit coûte cher. Encore plus cher si vous prétendez vous y installer de manière durable.

On va plus loin avec une idée médiocre et un million de dollars qu'avec une excellente idée et pas un sou.

Aux yeux de certains entrepreneurs, la publicité est l'arme absolue pour s'imposer auprès des consommateurs. Or, la pub coûte cher. La Deuxième Guerre mondiale a coûté 9 000 dollars la minute, la guerre du Vietnam, 22 000 dollars la minute, mais pour vous offrir une minute de pub lors du NFL Superbowl (finale du championnat national de football américain), il vous faudra débourser 1,5 million de dollars !

Steve Jobs et Steve Wozniak tenaient une idée de génie, mais Apple n'aurait jamais vu le jour sans les 91 000 dollars de Mike Markkula. En échange, Markkula a reçu un tiers des parts d'Apple. Il aurait dû en exiger la moitié !

Sans argent, une idée n'est rien. Peut-être pas

tout à fait — n'exagérons pas. Mais vous devez commencer par vous servir de votre idée pour trouver l'argent. Le marketing n'intervient qu'après.

Certains entrepreneurs croient que la publicité est un moyen économique de s'infiltrer dans l'esprit des gens — sous forme de « publicité gratuite », s'imaginent-ils. Mais la publicité n'est jamais gratuite. Pour faire la promotion de votre produit, une petite agence de relations publiques vous facturera ses services 25 000 francs par mois. Multipliez cette somme par deux pour savoir ce qu'il vous en coûtera dans une agence de taille moyenne et encore par deux, si vous vous adressez à une grande agence.

D'autres pensent trouver la solution de leurs problèmes d'argent auprès de généreux actionnaires prêts à financer leurs projets. Mais seul un infime pourcentage d'entrepreneurs réussit à rassembler la somme nécessaire par ce biais.

D'autres encore se disent que d'innombrables chefs d'entreprise seraient prêts à accueillir leurs idées et à les commercialiser, qu'ils en ont l'énergie et les moyens. À ceux-là nous souhaitons bonne chance, car il leur en faudra ! Il est rare qu'une grande firme accepte une idée venue de l'extérieur. Votre unique espoir serait de trouver une entreprise de taille plus modeste que vous pourriez convaincre des mérites de votre idée.

Mais n'oubliez jamais qu'une idée n'existe pas sans argent, et préparez-vous à en dépenser beaucoup pour en trouver.

Le marketing prête plus volontiers aux riches, parce qu'ils ont les moyens de s'infiltrer dans l'esprit des clients.

Leur problème à eux, c'est de trier les bonnes et les mauvaises idées, et d'éviter de se disperser en dépensant leur argent sur trop de produits ou trop de programmes (voir chapitre 5, la loi de la convergence).

La compétition est rude. Les géants de l'industrie investissent dans leurs marques des sommes considérables. Procter & Gamble dépense chaque année pour sa publicité 2 milliards de dollars. De même que Philip Morris. Et General Motors, 1,5 milliard.

Les dés sont souvent pipés pour les petits qui veulent se mesurer à ces poids lourds. A&M Pet Products, une petite entreprise de Houston, avait mis au point une litière pour chats qui avait la propriété de « s'agglutiner ». L'idée de base est toute simple : quand le chat utilise son bac, ces nouveaux granulés absorbent les déjections en formant des amas que l'on peut facilement ramasser et jeter. Plus besoin de remplacer toute la litière. Ce concept était l'une des innovations les plus marquantes de sa catégorie.

La marque, baptisée « Scoop Away », remporta un franc succès partout où elle fut commercialisée, ce qui ne manqua pas d'attirer l'œil de lynx de Golden Cat Corporation, propriétaire de Tidy Cat, la première marque de litière pour chat.

Le leader comprit immédiatement la menace que représentait ce nouveau concept et lança sa propre version de litière « agglutinante », sous le nom de « Tidy Scoop ». Non content d'avoir « emprunté » l'idée de A&M, Tidy Cat n'a donc pas hésité à récupérer le mot « scoop », qui faisait partie de la marque concurrente. (Jusqu'où peut vous entraîner l'avidité...)

C'est sans doute l'argent qui départagera les adversaires de ce duel de félins. Et à votre avis, lequel des deux peut en dépenser le plus ?

À la différence des produits de consommation courante, les produits réservés à un public de professionnels peuvent investir de moindres sommes dans leur stratégie marketing, parce que la liste de leurs clients potentiels est moins étendue et que les médias sont plus abordables. Mais même les produits « techniques » ont besoin d'un certain investissement. En plus de la publicité, il faut prévoir des brochures, des présentations, des stands d'exposition.

Une fois que vous tenez votre idée, vous devez donc rassembler l'argent pour l'exploiter. Voici quelques raccourcis dont vous pourriez vous inspirer :

- Épousez votre argent. En 1985, Georgette Mosbacher a convolé avec Robert Mosbacher, secrétaire d'État au commerce. Deux ans plus tard, Mme Mosbacher rachetait La Prairie, une firme de cosmétiques suisse, pour 31,5 millions de dollars. D'où a bien pu lui tomber tout cet argent ? De partout. De divers actionnaires, des distributeurs suisses et japonais de La Prairie, en plus de ses fonds personnels et de ceux de son mari. Durant sa première année d'exercice sous la houlette de Georgette, la firme a enregistré une augmentation de 30 % de ses ventes. Puis Mme Mosbacher a revendu le tout, avec de substantiels bénéfices.

- Divorcez de votre argent. Frances Lear, alors

âgée de soixante et un ans, débarqua à New York il y a près d'une dizaine d'années. Elle venait de divorcer d'avec Norman Lear, le producteur de séries télévisées et avait décidé de lancer un magazine destiné aux femmes de plus de quarante ans. Elle était prête à consacrer au projet 25 des 112 millions de dollars de dédommagement qu'elle espérait obtenir de son ex-mari. Dès son cinquième numéro, le magazine *Lear's* avait conquis quelque 350 000 lectrices.

- Demandez à papa. Nul n'aurait jamais entendu parler des exploits de Donald Trump s'il n'avait pas eu derrière lui les millions de son père...

- Partagez votre idée grâce à un système de franchise. Tom Monaghan eut recours à une audacieuse politique de franchisage qui lui permit de jeter les fondations de sa chaîne Domino's Pizza.

Voilà pour les stratégies de financement du marketing dans les petites entreprises. Et les grandes ? Comment doivent-elles composer avec la loi des moyens ? La réponse est simple : avec prodigalité. Les armées en campagne doivent toujours voir un peu grand. Savez-vous combien de rations sont restées inutilisées après l'opération Tempête de sable ? Des quantités astronomiques. Il en va de même en marketing. N'espérez pas vous en tirer à l'économie.

Les meilleurs stratèges du marché « assurent » au maximum leur investissement de base. Ils acceptent de ne faire aucun bénéfice durant deux ou trois ans et de consacrer tous leurs revenus au marketing.

En ce domaine, comme ailleurs, l'argent fait tourner le monde. Si vous voulez réussir, trouvez d'abord l'argent indispensable pour lancer cette grande machine.

ATTENTION !

Nous ferions preuve d'une négligence coupable si nous omettions d'avertir nos lecteurs des dangers auxquels ils s'exposent en essayant d'appliquer les lois du marketing dans une entreprise existante. La plupart de ces principes heurtent de front l'amour-propre des dirigeants, le sens commun le plus couramment admis et la course aux Malcolm Baldridge Awards (distinction récompensant la qualité).

La loi de la perception est un démenti cuisant à toutes ces entreprises qui s'efforcent de faire mieux que le voisin. Dans ces firmes, il est bien vu de passer son temps à fureter partout pour faire des « bancs d'essai comparatifs » avec les leaders de même catégorie, et tâcher de « les battre à plate couture » sur le terrain des spécifications. Et c'est bien dans ce sens que pousse tout le mouvement de la qualité.

Certains trouveront la pilule du premier occupant plutôt dure à avaler. Nous sommes pour la plupart persuadés que c'est parce qu'on est le meilleur qu'on arrive au sommet — et non parce qu'on est le premier. Alors, prudence ! Les instances dirigeantes ne verront pas d'un bon œil toute suggestion allant à l'encontre de leur stratégie d'amélioration des produits.

La loi du sacrifice pourrait aussi vous poser quelques problèmes. Offrir tout à tout le monde est un rêve que caressent la plupart des entreprises. S'il vous reste le moindre doute là-dessus, allez vous promener dans les allées de n'importe quel supermarché. Vous y verrez proliférer les tailles, les parfums, les formes, les variantes... une chatte n'y retrouverait pas ses petits. Et la cause du mal est douloureusement évidente : personne ne se résout à choisir une cible précise et à s'y tenir.

Les bureaux des grandes entreprises sont peuplés de jeunes cadres de marketing bourrés de talent. Vous croyez qu'ils vont rester dans leur fauteuil à se tourner les pouces ? Non. Ils brûlent de toucher à tout, de faire leurs preuves, de tout améliorer. Et quel autre moyen ont-ils pour s'imposer dans l'entreprise ? Alors, prudence ! Ces brillants jeunes cadres regarderont de travers quiconque s'aviserait de restreindre leur terrain d'expérimentation.

Selon le principe de convergence, une firme doit s'arroger un concept ou un mot clé, qui devient une sorte de chasse-gardée dans l'esprit des clients. Quel est celui de votre entreprise ? « Ah, je n'en sais rien ! répondrez-vous peut-être. Nous fabriquons une vaste gamme de produits, destinés à toutes sortes de secteurs professionnels... »

Alors, prudence ! Vous devrez élaguer, et encore élaguer pour vous frayer un chemin dans cette jungle. Et le pouvoir en place n'est peut-être pas tout à fait prêt à accepter cette idée.

La loi de la durée agacera tous ceux qui veulent des victoires rapides. Les entreprises aiment voir instantanément les effets de leurs efforts.

Alors prudence ! Les Picsous de la comptabilité vous talonneront en réclamant des résultats à court terme.

La loi de l'extension de gamme est la plus malmenée et la plus explosive de toutes. Vous devez avoir le courage de remettre en question la vérité la plus sacrée aux yeux du management :

les grandes marques se constituent un certain capital de prestige qu'elles peuvent exploiter en lançant sous leur nom diverses lignes de produits.

L'extension de gamme dispose de fervents partisans, dans les comités de direction. Pas un chef d'entreprise sur dix ne serait prêt à affronter son équipe sur ce problème vital. Alors, prudence ! Le management verra d'un œil noir tout effort pour limiter l'extension de la gamme. Vous serez peut-être obligé d'attendre que l'équipe change. Patience... les cadres vont et viennent, mais les lois du marketing sont immuables.

Vous voici donc dûment mis en garde. Si vous enfreignez ces lois inaliénables, vous risquez l'échec, et si vous les appliquez, vous vous exposez aux calomnies, au placard, voire à l'exil définitif.

Armez-vous de persévérance, car, judicieusement mis en œuvre, ces principes vous mèneront tôt ou tard au sommet — et quelle meilleure revanche que le succès ?

47969- (VI) - (0.4) - OSB 90° - RET - API

Dépôt légal : mars 2003 – suite du tirage : octobre 2013
Dépôt légal de la 1re édition : 1er trimestre 1994
Achevé d'imprimer par Dupli-Print
N° d'impression : 2013102032
www.dupli-print.fr

Imprimé en France